D0885651

rowohlts monographien
begründet von Kurt Kusenberg
herausgegeben
von Wolfgang Müller

Walter Benjamin

**mit Selbstzeugnissen
und Bilddokumenten
dargestellt von
Bernd Witte**

Rowohlt

Dieser Band wurde eigens für «rowohlts monographien» geschrieben
Den Anhang besorgte der Autor
Herausgeber: Beate Kusenberg und Klaus Schröter
Assistenz: Erika Ahlers
Umschlagentwurf: Werner Rebhuhn
Vorderseite: Walter Benjamin, 1938. Foto Gisèle Freund
Rückseite: Schutzumschlag der Erstausgabe des
Trauerspielbuchs 1928 (Klaus Schröter)

Veröffentlicht im Rowohlt Taschenbuch Verlag GmbH,
Reinbek bei Hamburg, Mai 1985
Copyright © 1985 by Rowohlt Taschenbuch Verlag GmbH,
Reinbek bei Hamburg
Alle Rechte an dieser Ausgabe vorbehalten
Satz Times (Linotron 202)
Gesamtherstellung Clausen & Bosse, Leck
Printed in Germany
1080-ISBN 3 499 50341 7

13.–15. Tausend März 1990

Inhalt

Kindheit und Jugend in Berlin (1892–1912) 7

Jugendbewegung, Judentum, Sprachphilosophie (1912–1917) 18

Kunstkritik aus dem Geiste der Romantik (1917–1923) 30

Geschichtspessimismus und antiklassische Ästhetik (1923–1925) 50

Paris – Berlin – Moskau (1926–1929) 65

Krise und Kritik (1929–1933) 84

Emigration: Die Theorie der nicht auratischen Kunst (1933–1937) 101

Passagen (1937–1939) 116

Das Ende der Geschichte (1940) 132

Anmerkungen 137

Zeittafel 143

Zeugnisse 145

Bibliographie 147

Namenregister 155

Über den Autor 158

Quellennachweis der Abbildungen 158

Kindheit und Jugend in Berlin
(1892–1912)

Als *wohlgeborenes Bürgerkind* hat Walter Benjamin sich selbst in den autobiographischen Aufzeichnungen der *Berliner Chronik* bezeichnet.[1]* Sein Vater Emil Benjamin, 1866 geboren, stammte aus einer lange Zeit im Rheinland ansässigen Kaufmannsfamilie und hatte seine Jugend in Paris zugebracht. Die Vorfahren der Mutter Pauline, geb. Schönflies, hatten *einst als Vieh- oder Getreidehändler im Märkischen und Mecklenburgischen gesessen*[2]. Nach 1871 waren die beiden großelterlichen Familien in die aufstrebende Hauptstadt des neugegründeten Reiches gezogen, wo sie in Benjamins Kindertagen in derselben Straße des Alten Westens wohnten. Auch Benjamins Eltern ließen sich nach ihrer Eheschließung im Jahre 1891 in diesem südwestlich von Tiergarten und Zoo gelegenen Viertel nieder, in dem am 15. Juli 1892 ihr ältester Sohn geboren und unter dem Namen Walter Benedix Schönflies Benjamin ins Geburtsregister eingetragen wurde. Drei Jahre später kam der jüngere Bruder Georg zur Welt, 1901 die Schwester Dora.[3]

Emil Benjamin hatte *seinen, zeitweise großen, Reichtum* als Auktionator und Teilhaber im Kunstauktionshaus Lepke in der Kochstraße erworben. Nachdem er sich aus der aktiven Mitarbeit an diesem Unternehmen zurückgezogen hatte, legte er sein Geld *spekulativ* in einer Reihe kleinerer Gesellschaften an, unter anderem in einem *Medizinischen Warenhause*, einer *Aktiengesellschaft für Bauausführungen* und einer *Zentrale für Weinvertrieb*. Ab 1910 war er Mitglied des Konsortiums, das den *Eispalast* betrieb.[4] Wenn auch diese Geschäftsverbindungen des Vaters dem Kind verborgen blieben, so waren doch die sozialen Attribute des Wohlstands der Familie unübersehbar. In der *Berliner Chronik* ruft sich Benjamin die großbürgerliche Atmosphäre der Wohnung in der Nettelbeckstraße 24 detailliert in die Erinnerung zurück. Hauslieferanten und französische Kindermädchen, Sommerwohnungen in Potsdam und Neubabelsberg und langjähriger Privatunterricht in einem kleinen Zirkel von Kindern *aus gehobenen Kreisen* mußten schon dem Kind ebenso als Zeichen der sozialen Vorrangstellung seiner Familie gelten wie die zahlreichen Gesellschaftsabende im Elternhaus, deren Aufgebot an Porzellan und Silber der Sohn noch 30 Jahre später mit dem aus Achtung und

---

* Die hochgestellten Ziffern verweisen auf die Anmerkungen S. 137f.

*Die Familie Benjamin: Emil und Pauline Benjamin, geb. Schönflies,
mit den Kindern Walter und Georg*

Abscheu gemischten Erstaunen des leidenschaftlichen Sammlers und materialistischen Historikers beschreibt.[5]

In den Erinnerungsbildern der *Berliner Kindheit um Neunzehnhundert*, die Benjamin in seinem 40. Lebensjahr aufzuzeichnen begann, hat er die Keime der Vernichtung, an denen in Krieg und Inflation das 19. Jahrhundert zugrunde gehen sollte, in der Geborgenheit seiner großbürgerlichen Kindheit aufzuspüren versucht. Die kurzen Prosatexte, aus denen sich das Buch mosaikartig zusammensetzt, sind weniger historische Dokumente als rückwärtsgewandte Prophetien, die den Standpunkt des materialistischen Historikers von 1932 schon in den unbewußten Regungen der Kindheit ausmachen. Das Mobiliar der Gründerzeit, das die großen Wohnungen seiner Familie füllte, wird dem Kind zur zweiten schlechten Natur, die es nicht zu sich selbst kommen läßt: es wird immer mehr dem ähnlich, was es umgibt, der von der Warenwirtschaft beherrschten Lebenswelt des ausgehenden 19. Jahrhunderts, seinem *eigenen Bilde* jedoch wird es immer unähnlicher.

Archetypisch hat Benjamin diese Selbstentfremdung in der Beschreibung zweier Fotografien festgehalten, deren eine derjenigen ähnelt, über deren Anfertigung das *Tagebuch für Wengen* aus dem Jahre 1902 berichtet und die ihn als Zehnjährigen mit seinem Bruder Georg in der «Sommerfrische» einer künstlichen Bergwelt zeigt. *Wohin ich blickte, sah ich mich umstellt von Leinwandschirmen, Polstern, Sockeln, die nach meinem Bilde gierten wie die Schatten des Hades nach dem Blut des Opfertieres. Am Ende brachte man mich einem roh gepinselten Prospekt der Alpen dar, und meine Rechte, die ein Gamsbarthütlein erheben mußte, legte auf die Wolken und Firnen der Bespannung ihren Schatten. Doch das gequälte Lächeln um den Mund des kleinen Älplers ist nicht so betrübend wie der Blick, der aus dem Kinderantlitz, das im Schatten der Zimmerpalme liegt, sich in mich senkt. Sie stammt aus einem jener Ateliers, welche mit ihren Schemeln und Stativen, Gobelins und Staffeleien etwas vom Boudoir und von der Folterkammer haben. Ich stehe barhaupt da; in meiner Linken einen gewaltigen Sombrero, den ich mit einstudierter Grazie hängen lasse . . . Ich aber bin entstellt vor Ähnlichkeit mit allem, was hier um mich ist. Ich hauste so wie ein Weichtier in der Muschel haust im neunzehnten Jahrhundert, das nun hohl wie eine leere Muschel vor mir liegt.*[6]

Dieser von Benjamin als fotografisches Selbstporträt bezeichnete Text gibt Hinweise auf die Perspektive, unter der der Autor selbst seine Kindheit gesehen hat. Extrem antiidealistisch und antipsychologisch führt er die Bildung der Identität des Kindes auf den gesellschaftlich geprägten Raum seines Alltagslebens zurück. Architektur und Mobiliar der Gründerzeit tauchen als Chiffre für diese falsche zweite Natur in der *Berliner Kindheit* immer wieder auf. In der Künstlichkeit der Staffage, die das fotografierte Subjekt für den Apparat zurichtet, so daß es, noch bevor es auf die Platte gebannt wird, in Todesstarre verfällt, hat Benjamin die Metapher gefunden, in der er die Wechselbeziehung zwischen der Bewußtlosigkeit und Selbstentfremdung der Wilhelminischen Epoche und des in ihr aufwachsenden Kindes zu reflektieren vermag. Ebenso die Angst und Trauer, die dieser Zustand für den einzelnen wie für die Allgemeinheit in sich birgt. Dabei erweist es sich als überaus kennzeichnend für die Methode von Benjamins materialistischem Antibildungsroman, daß das zweite Bild, das er beschreibt, keineswegs ein Porträt seiner selbst ist. Schon zwei Jahre vor der Niederschrift des autobiographischen Textes hatte er fast identische Sätze in einer Reflexion über eine Fotografie des fünfjährigen Franz Kafka gebraucht.[7] Das ungekennzeichnete Selbstzitat verdeckt und enthüllt zugleich die Identifikation Benjamins mit dem Prager Autor, der gleich ihm aus einer jüdischen Kaufmannsfamilie stammend, im Schreiben die Kraft zum Ausbruch aus seinem ursprünglichen Milieu gefunden hatte. Es läßt den Kundigen erkennen, daß es in dem Text der *Berliner Kindheit* nicht um Privates geht, sondern um die gesellschaftliche Verfassung des kindlichen Individuums im großbürgerlich-jüdischen Milieu vor der Jahrhundertwende.

Die Zweideutigkeit, die den entstellten Figuren dieser Kindheit anhaftet, wird nur in den seltenen Momenten durchbrochen, in denen das Kind zu sich selbst kommt, indem es aus seiner Klasse ausbricht. In diesem Sinne wird das Trödeln des kleinen Jungen gedeutet, seine *Gewohnheit, immer um einen halben Schritt zurückzubleiben. Es war als wolle ich in keinem Falle eine Front, und sei es mit der eigenen Mutter, bilden.* Diese Form des Protests gegen die eigene soziale Herkunft wird beziehungsreich mit dem ersten eigenständigen Schreibversuch in Verbindung gebracht: *Die Armen – für die reichen Kinder meines Alters gab es sie nur als Bettler. Und es war ein großer Fortschritt der Erkenntnis, als mir* zum

Walter Benjamin und sein Bruder Georg als «Älpler», um 1900

*Franz Kafka,
etwa fünf Jahre alt*

erstenmal *die Armut in der Schmach der schlechtbezahlten Arbeit däm-
merte. Das war in einer kleinen Niederschrift, vielleicht der ersten, die ich
ganz für mich selbst verfaßte. Sie hatte es mit einem Mann zu tun, der Zettel
austeilt und mit den Erniedrigungen, die er durch ein Publikum erfährt,
das für die Zettel kein Interesse hat.*[8] In noch frühere Erfahrungsschichten
verfolgt Benjamin diesen Zusammenhang von Revolte, Ausdrucksfin-
dung und Identitätsbildung zurück, wenn er die Versteckspiele des Klein-
kindes beschreibt: *Der Eßtisch, unter den es sich gekauert hat, läßt es zum
hölzernen Idol des Tempels werden, wo die geschnitzten Beine die vier
Säulen sind. Und hinter einer Türe ist es selber Tür, ist mit ihr angetan als
schwerer Maske und wird als Zauberpriester alle behexen, die ahnungslos
eintreten. Um keinen Preis darf es gefunden werden ... Ich ließ darum mit
einem lauten Schrei den Dämon, der mich so verwandelte, ausfahren,
wenn der Suchende mich griff – ja, wartete den Augenblick nicht ab und
kam mit einem Schrei der Selbstbefreiung ihm zuvor.*[9] Die magische Welt-

Die Geschwister Walter, Georg und Dora Benjamin

sicht, die das Kind distanzlos mit seiner animistisch belebten Umwelt verschmelzen läßt, wird durch die Selbstaffirmation des Schreis zum erstenmal durchbrochen. Diese früheste, noch unartikulierte Äußerung des Ich gilt dem Erinnernden als allegorisches Versprechen der Selbstbefreiung aus dem bewußtlosen Verfallensein an eine schlechte Welt, wie er sie im Schreiben findet. So wird im dialektischen Bild das Kind als Schriftsteller konstruiert, vergewissert sich der Schriftsteller des Ursprungs seines eigenen Tuns in der Kindheit.

Walter Benjamin hat stets äußerste Diskretion über seine persönlichen Lebensverhältnisse gewahrt. Der Autor, der es sich zum Verdienst anrechnete, in seinen Schriften *das Wort «ich» nie zu gebrauchen,* verrät in ihnen auch nichts über seine Familie, die Eltern oder die jüngeren Geschwister.[10] Lediglich seine Kindheitserinnerungen machen hiervon eine bezeichnende Ausnahme. In ihnen erscheint das *Bild der Macht und Größe* des Vaters im Zusammenhang mit dem um 1900 seinen Siegeszug antretenden Telefon, mit dessen Hilfe er seine Börsentransaktionen abzuwickeln pflegte. Die *Drohungen und Donnerworte,* die er dabei gegen sozial Schwächere ausstieß, weisen ihn als urzeitlichen Herrscher aus, der die neueste Technik in den Dienst seiner Geschäfte gestellt hat.[11] In dieser Konjunktur werden die mythischen Strukturen der patriarchalischen Gesellschaftsordnung sichtbar, unter denen das Kind ohnmächtig leidet und die als der Ursprung jenes äußerst gespannten Verhältnisses gelten können, das Benjamin zeit seines Lebens zu seinem Vater gehabt hat.

Anders das Bild der Mutter. Ihre tröstende und heilende Kraft hält der strafenden Autorität des Vaters das Gegengewicht, wenn sie zu dem häufig kranken Kind ans Bett kommt, um ihm Geschichten zu erzählen: *Schmerz war ein Staudamm, welcher der Erzählung nur anfangs widerstand; er wurde später, wenn sie erstarkt war, unterwühlt und in den Abgrund der Vergessenheit gespült. Das Streicheln bahnte diesem Strom sein Bett. Ich liebte es, denn in der Hand der Mutter rieselten schon Geschichten, welche bald in Fülle ihrem Mund entströmen sollten. Mit ihnen kam das Wenige ans Licht, was ich von meinen Vorfahren erfuhr. Die Laufbahn eines Ahnen, Lebensregeln des Großvaters beschwor man mir herauf.*[12] Die Zärtlichkeit, mit der der Sohn seiner kindlichen Beziehung zur Mutter gedenkt, wird dadurch überhöht, daß er ihr die archaischen Kräfte des Geschichtenerzählers zuschreibt, die Fähigkeit, Erfahrungen zu tradieren und Krankheiten zu heilen, denen er in seinem Essay *Der Erzähler* von 1936 als in der Moderne längstvergangenen nachtrauert.

In seinen Erinnerungsfragmenten reproduziert Benjamin nicht einfach die Rollenverteilung der patriarchalisch regierten Kleinfamilie. Auch zieht er in ihnen keine sozialpsychologischen Schlüsse über seine frühkindliche Sozialisation. Vielmehr ordnen sie sich ihm zum Sinnbild, in dem die Gesellschaftserfahrung des Kindes als identisch sich erweist mit der des Erwachsenen, der sie erinnernd niederschreibt. Nirgendwo mehr als in dem Text mit dem bezeichnenden Titel *Gesellschaft.* In dieser Neuinterpretation des Eingangsmotivs aus Prousts «Auf der Suche nach der verlorenen Zeit» entlarvt das mondäne Ritual der Abendempfänge in der Villa der Eltern die Zerbrechlichkeit der familiären Beziehungen. Das *Ungeheuer,* als das der ängstliche Spürsinn des Kindes die Gesellschaft identifiziert, zieht die nachmittäglichen Vorbereitungen, die einem Friedensfest zu gelten schienen, in den Schmutz und etabliert sich im Herzen der Familie. Gegen die Dämonie der Konsumgesellschaft, die sich da an der zu anderen Zwecken geschmückten Tafel breit macht, ist das Kind in seinem abgelegenen Zimmer machtlos. Doch ahnt es, was dem Erwachsenen zu Gewißheit geworden ist, woher das Ungeheuer seine zerstörende Kraft nimmt: *Und da der Abgrund, der es ausgeworfen hatte, der meiner Klasse war, so machte ich mit ihr an solchen Abenden zuerst Be-*

Der Tiergarten im Sommer. Berlin, Ende des 19. Jahrhunderts

«O braungebackne Siegersäule
mit Winterzucker aus den Kindertagen»

kanntschaft.[13] Ihr tritt der Vater mit Waffen gegenüber, die aus ihrem eigenen Arsenal stammen. *Das spiegelblanke Frackhemd* erscheint dem Kind als *Panzer,* der Vater als *Gewappneter,* der in den Kampf gegen das Ungeheuer zieht. Auch hier wird dem, der den Kampf ums Dasein aufnimmt, das friedliche Bild der Mutter entgegengestellt. Sie ist von Anfang an von den Farben umstrahlt, die von den Steinen ihrer Brosche ausgehen. Dem Leser, dem diese in einem anderen Text der *Berliner Kindheit* im Sinne von Goethes Wort vom «farbigen Abglanz des Lebens» als Allegorie der Kunst begegnet sind, wird die Gestalt der Mutter in demselben versöhnlichen Licht gezeigt, das sie in dem Text *Das Fieber* umgibt.

Das ambivalente Verhältnis des Kindes zu seiner Familie findet sich in seiner Beziehung zur Stadt Berlin wieder. Einerseits sieht Benjamin sich in seiner Kindheit als Gefangenen des Alten und Neuen Berliner Westens: *Mein Clan bewohnte diese beiden Viertel damals in einer Haltung, die gemischt war aus Verbissenheit und Selbstgefühl und die aus ihnen ein Ghetto machte, das er als sein Lehen betrachtete. In dies Quartier Besitzender blieb ich geschlossen, ohne um ein anderes zu wissen.*[14] Aus dem Rückblick will ihm dieser Ort, dessen *von den allerletzten Schinkelschülern* entworfene Architektur nach einem Wort Franz Hessels noch *letzte Reste des preußischen Griechenwesens* bewahrte[15], jedoch auch als Zufluchtsstätte einer bürgerlich-humanistischen Lebensform erscheinen, der das Kind sein Glück und seine Geborgenheit verdankte und die dem Erwachsenen, der ihre Zerstörung erfahren hat, sich unter dem Bild des Gartens, in dem die goldenen Äpfel der Hesperiden heranreifen, in eine ferne Utopie verwandelt hat.

Was in der Kindheit nur aus späteren Selbstdeutungen zu rekonstruieren ist, hat in der Schulzeit seinen Niederschlag in ersten überlieferten Texten und dokumentierbaren Verhaltensweisen gefunden. Benjamin besuchte seit Ostern 1902 den gymnasialen Zweig des Kaiser-Friedrich-Gymnasiums am Savignyplatz. Zuvor hatte er ausschließlich Privatunterricht erhalten, zunächst in einem kleinen Zirkel von Kindern reicher Eltern. Die *Berliner Chronik* nennt als Ausweis des elitären Ranges dieser Gruppe die Namen zweier Mitschülerinnen von großbürgerlicher und adeliger Herkunft, Ilse Ullstein und Luise von Landau. Danach wurde er von einem Vorschullehrer des Gymnasiums im Einzelunterricht auf den Eintritt in die höhere Schule vorbereitet. Offensichtlich kam der behütet aufgewachsene und häufig kränkelnde Junge jedoch mit dem öffentlichen Schulsystem schlecht zurecht. Denn schon nach drei Jahren wurde er von seinen Eltern vom Gymnasium genommen und in das Landerziehungsheim Haubinda in Thüringen geschickt, wo er fast zwei Jahre lang blieb und, so ist anzunehmen, ein Schuljahr wiederholte. Erst 1907 kehrte er auf das Kaiser-Friedrich-Gymnasium zurück und legte dort zwanzigjährig Ostern 1912 das Abitur ab. Im selben Jahr siedelte die Familie in den Villenvorort Grunewald über. In der Delbrückstraße 23 «hatte Emil Benjamin ein burgartiges Villenhaus erworben ... Man bewohnte nun eine geräumige Etage mit Wintergarten und hatte einen hübschen Garten am Haus.»[16]

Das wilhelminische Gymnasium, in dem in den unteren Klassen *Prü-*

15

gel, Platzwechsel oder Arrest als Strafe üblich waren, hat den Schüler Benjamin mit Ratlosigkeit und Schrecken erfüllt. Noch in den 30 Jahre später niedergeschriebenen Erinnerungen erscheint *die zinnenbekrönte Leiste über den Klassenzimmern* als *Gefangenenemblem*, das ihm die Augen für die Verfassung von Schule und Gesellschaft der Jahrhundertwende geöffnet hat.[17] Mehr noch als die unpädagogischen Zwangsmaßnahmen hat ihn das Eingesperrtsein in der Masse seiner Mitschüler schockiert: *Diese Treppen sind mir immer verhaßt gewesen, wenn ich sie in der Herde, einen Wald von Waden und von Füßen vor mir ... ersteigen mußte.*[18] Aus diesen Zeilen spricht der physische Widerwille des Einzelgängers, sich in ein Kollektiv eingegliedert zu sehen. Krankheit, Zuspätkommen, Unaufmerksamkeit sind die ohnmächtigen Versuche des Kindes, sich diesem Zwang zu entziehen. Als es gelernt hat, sich zu artikulieren, erwächst aus dieser instinktiven Ablehnung der Klassen-Zugehörigkeit das Bewußtsein vom Wert der eigenen Individualität. So regte ihn die im Stundenplan des humanistischen Gymnasiums geforderte Beschäftigung mit Pindar zu seinem *ersten philosophischen Essay* an, dessen Titel *Gedanken über den Adel* ein Hinweis auf die elitären Ambitionen seines Verfassers sein mag.

Von dem zweijährigen Aufenthalt in Haubinda gingen entscheidende Impulse für die weitere geistige und charakterliche Entwicklung Benjamins aus. In diesem Landschulheim, das 1901 von Hermann Lietz für Schüler der Mittelstufe gegründet worden war und seit 1904 unter der Direktion von Paulus Geheeb und Gustav Wyneken das von letzterem entworfene Programm der Schulreform in die Praxis umzusetzen suchte, erfuhr er zum erstenmal, daß sein Idealismus ernst genommen wurde, daß Schüler und Lehrer sich als freie, gleichberechtigte und denselben geistigen Zielen verpflichtete Partner begegneten. Das Leben in dieser idealistischen Erziehungsgemeinschaft hat ihn bis in die Kriegsjahre hinein geprägt und ihn zu einem begeisterten Verfechter der Schulreform werden lassen.

In der die Ideen Gustav Wynekens verbreitenden Schülerzeitschrift «Der Anfang», die seit 1908 zunächst in hektographierter Form von Georges Barbizon (d. i. Georg Gretor) herausgegeben wurde, publizierte er im Sommer 1910 seine ersten schriftstellerischen Arbeiten, die, in Form und Inhalt noch unselbständig, das Bewußtsein von seiner künftigen sozialen Rolle als intellektueller Außenseiter schon ahnen lassen. So kann man seinen frühesten publizierten Text, ein Gedicht, das in traditionellen Metaphern die Figur des Dichters zu umreißen sucht, als den Entwurf einer Identifikationsfigur lesen:

> *Sieh, am Rand des ungeheuren Abgrunds,*
> *Da gewahrst Du Einen sorglos stehend,*
> *Zwischen schwarzer Nacht und buntem Leben.*
> *Dieser steht in wandelloser Ruhe*
> *Einsam, abseits von der Lebensstraße.*[19]

Als Sechzehnjähriger gründete Benjamin mit seinem Mitschüler Herbert Belmore und anderen einen Lese- und Diskussionszirkel, auf dessen

*Die Kaiser-Friedrich-Straße mit dem Kaiser-Friedrich-Gymnasium
(zweites Gebäude von rechts) in Berlin. Zeitgenössische Fotografie*

wöchentlichen Abenden Dramen der Weltliteratur mit verteilten Rollen
gelesen und diskutiert wurden. Daß auch dabei die Ideen der Schulreform
im Mittelpunkt standen, belegt die Abhandlung *Das Dornröschen,* die
Benjamin, wie alle seine Texte aus der Schulzeit, unter dem für sein Engagement bezeichnenden Pseudonym Ardor in der zweiten Folge des «Anfang» publizierte. In ihm werden Gestalten der klassischen und modernen
dramatischen Literatur als Vorläufer des *Zeitalters der Jugend* interpretiert, das Benjamin kommen sieht. *Die Jugend aber ist das Dornröschen,
das schläft und den Prinzen nicht ahnt, der naht, es zu befreien. Und daß
die Jugend erwache, daß sie teilnehme an dem Kampfe, der um sie geführt
wird, dazu will ja unsere Zeitschrift nach Kräften beitragen.*[20] Dem Dienst
an dieser Aufgabe haben Benjamins intellektuelle und organisatorische
Bemühungen in den nächsten Jahren fast ausschließlich gegolten. In ihm
glaubte der idealistische Einzelgänger den Sinn seines sozialen Handelns
und die Geborgenheit einer Gemeinschaft zu finden.

Jugendbewegung, Judentum,
Sprachphilosophie (1912–1917)

Anders als viele Literaten, die erst nach langem Anlauf den eigenen Ton finden, ist Walter Benjamin in seinen Schriften von Anfang an ganz er selbst. In den Jahren unmittelbar vor dem Ersten Weltkrieg, in denen er sein Studium begann, fanden der Protest gegen bürgerliche Lebensformen und die Ahnung bevorstehender Katastrophen ihren Ausdruck in den literarischen Werken der Expressionisten. Benjamin hielt Distanz zu ihnen, obwohl er viele von ihnen persönlich kannte, da sie derselben Generation angehörten und aus demselben sozialen Milieu stammten wie er. Ihrem allgemeinen Menschheitspathos setzte der Zwanzigjährige, der wenige Jahre später mit dem Begriff des *Ausdruckslosen* als dem metaphysischen Zentrum seiner Kunsttheorie einen theoretischen Gegenentwurf zur Ausdruckskunst seiner Altersgenossen liefern sollte, schon damals bewußt ein religiös fundiertes Pathos der Wahrheit entgegen.

Um seiner exponierten Stellung Rückhalt zu verschaffen, schloß Benjamin sich dem radikalen Flügel der Jugendbewegung an. Als er im Sommersemester 1912 nach Freiburg ging, um bei dem Neukantianer Heinrich Rickert Philosophie zu studieren, widmete er einen Großteil seiner Zeit der Organisierung von Studentengruppen, die auf der Grundlage von Gustav Wynekens Schriften die Idee einer unabhängigen Jugendkultur im Hochschulbereich propagieren sollten. Daß er dabei den akademischen Lehrbetrieb fast ganz vernachlässigte, gesteht er selber ein. Als *Heros der Schulreform* und *Opfer der Wissenschaft* porträtiert er sich ironisch im Juni 1912 in einem Brief an seinen in Berlin gebliebenen Schulfreund Herbert Belmore.[21] Die *Abteilung für Schulreform,* der er sich an seinem Studienort anschloß, war im Wintersemester 1911/12 auf Grund eines öffentlichen Aufrufs von Gustav Wyneken im Rahmen der Freistudentischen Bewegung gegründet worden. Die Freie Studentenschaft vertrat im Gegensatz zur konformistischen Traditionspflege der Korporationen eine am Humboldtschen Ideal von Freiheit und Selbstbestimmung orientierte Wissenschaftsauffassung und forderte ein politisches Mitspracherecht der Studenten an den Hochschulen. Innerhalb dieser lose organisierten Bewegung bildeten die Wynekianer den radikalsten Flügel. Sie wandten sich von den als wirkungslos erkannten Debatten über die politische Organisation der Universität ab und brachten ihre absolute Opposition gegen die Wilhelminische Gesellschaft in der Forderung nach «Dienst am reinen Geist» zum Ausdruck, der nur von der noch unverdorbenen Jugend geleistet werden könne.[22]

DER

ANFANG
ZEITSCHRIFT DER JUGEND

I. JAHR   HEFT 1

MAI 1913

DR. GUSTAV WYNEKEN: ERKLÄRUNG / GEORGES
BARBIZON: DIE TREIBENDEN KRÄFTE / ARDOR:
UNTERRICHT UND WERTUNG / PAUL HOFFMANN:
DOPPELTE BUCHFÜHRUNG / VOM WANDER-
VOGEL / E. K. ELEUTHEROS: ZWEI GEDICHTE.
KLASSENSPIEGEL / BRIEFE / UMSCHAU / BÜCHER.

BERLIN   50 PF.   PREIS   60 HR.   WIEN

Gustav Wyneken, um 1916   *Die Schülerzeitschrift «Der Anfang»*

Zu diesem extrem idealistischen Konzept einer Gesellschaftsverände-
rung durch Kulturrevolution bekannte Benjamin sich seit seinem *entscheidenden geistigen Erlebnis,* als das er seinen Aufenthalt in Haubinda
und die persönliche Begegnung mit Wyneken ansah.[23] Im Sommersemester 1912 veranstaltete die Abteilung für Schulreform in Freiburg eine
Reihe von Vorträgen zu Fragen der Jugendkultur, die in der Broschüre
«Student und Schulreform» gesammelt erschienen. Zu ihr steuerte Benjamin, obwohl eben erst in Freiburg angekommen, einen Aufsatz mit
dem programmatischen Titel *Die Schulreform, eine Kulturbewegung* bei,
in dem er die Jugend zu produktiver Aktivität in Freiheit aufruft, da nur
so *eine Revision der Werte* und damit eine Weiterentwicklung der Kultur
möglich sei.[24]

Nachdem Benjamin im Wintersemester 1912/13 nach Berlin zurückgekehrt war, gründete er dort den *Sprechsaal,* eine freie Assoziation seiner
Freunde, auf deren Abenden über künstlerische und moralische Probleme diskutiert wurde. Die Gruppe, zu der auch Mädchen gehörten,
mietete im Alten Westen in der Nähe des Landwehrkanals eine Wohnung, das «Heim», als Versammlungslokal, zu dem jedes Mitglied unge-
hinderten Zutritt hatte.[25] Offensichtlich ging es dabei vor allem darum,
den Jugendlichen eine freie, von Elternhaus und bürgerlicher Öffentlichkeit unbeaufsichtigte Lebensform zu ermöglichen. In seinem zweiten
Freiburger Semester im Sommer 1913 organisierte Benjamin auf aus-
drücklichen Wunsch Wynekens hin die Abteilung für Schulreform neu,
wobei er versuchte, die Freie Studentenschaft insgesamt für deren Ziele

19

zu mobilisieren.[26] Zugleich lieferte er regelmäßig Beiträge zu der von Georges Barbizon und Siegfried Bernfeld in Berlin herausgegebenen «Zeitschrift für die Jugend» «Der Anfang». In den ersten sechs Heften des Jahrgangs 1913 ist er mit je einem Artikel vertreten, in denen er die üblichen Positionen der radikalen Jugendbewegung verficht. Sein Protest wendet sich gegen Unterdrückung in Schule und Elternhaus, gegen *Skepsis und Erfahrung* der Philister und gegen die Spießbürgermoral. Seine positiven Forderungen zeugen von einem für ihn charakteristischen elitären Sendungsbewußtsein. So entwirft er in dem Aufsatz *Unterricht und Wertung* unter Berufung auf Nietzsche das Bild eines antireformerischen Gymnasiums, dessen Griechentum *nicht ein fabelhaftes Reich der «Harmonien» und «Ideale»* sein sollte, sondern *jenes frauenverachtende und männerliebende Griechentum des Perikles, aristokratisch; mit Sklaverei; mit den dunklen Mythen des Aeschylos.* Den Pädagogen stellt er die Frage, *ob sie uns diese Schule schaffen dürfen, die gegenwartsfeindlich, undemokratisch, hochgemut sein müßte.*[27] Angesichts solcher Theorien ist es nicht verwunderlich, daß das Erscheinen des «Anfang», wie Siegfried Bernfeld rückblickend feststellte, «einen Aufschrei der Empörung in der Oberlehrer-, Rektorenwelt, bei den politischen Parteien bis weit in das liberale Bürgertum hinein» auslöste.[28]

Aus seinem intellektuellen Selbstwertgefühl heraus lehnte Benjamin den akademischen Lehrbetrieb, wie er ihn in Freiburg kennenlernte, rundheraus ab. Seinen eigenen geistigen Ansprüchen meinte er eher in persönlichen Gesprächen mit seinen Freunden Philipp Keller und Fritz Heinle und der gemeinsamen Lektüre Spittelers, Georges, Rilkes und Kierkegaards genügen zu können. In den Diskussionen innerhalb der kleinen Gruppe Gleichgesinnter, die er so um sich formte, bemühte er sich darum, *die Leute zu ihrer Jugendlichkeit* zurückzubringen.[29] Benjamins Betonung der Gefolgschaft gegenüber seinem Lehrer und seine verschiedenen Versuche, einen Kreis von Schülern um sich zu scharen, konnten sich auf Gustav Wynekens Theorie der Jugendkultur berufen. Dessen auf die Bedürfnisse des Wilhelminischen Zeitalters zurechtgestutzter Hegelianimus läßt die Weltgeschichte als progressive Durchdringung von Natur und Menschheit durch den Geist erscheinen. Der Beginn des 20. Jahrhunderts sei dadurch gekennzeichnet, daß in diesen «Selbsterkennungsprozeß der Natur» auch die Jugend miteinbezogen werde. Diese idealistische Ideologie wandte sich an die älteren Gymnasiasten und an die Studenten, die damals fast ausschließlich aus dem mittleren und gehobenen Bürgertum stammten. Ihnen lieferte sie die Rechtfertigung einer hierarchischen Gesellschaftsstruktur, wie sie sich in dem von Wyneken angestrebten Erziehungsmodell reproduzierte. Danach waren allein die kulturell Produktiven, die Genies, Träger des Geistes und daher zu Führern der «sich selbst erziehenden Gemeinschaften» ausersehen. Für die Masse der Jugendlichen konnte der Dienst am Geist nur in der «freien Hingabe an den selbstgewählten Führer» bestehen.[30]

Obwohl Benjamins gesellschaftliches Handeln zunächst ganz von dieser elitären Geistmetaphysik geprägt scheint, lassen seine Schriften und

Walter Benjamin um 1912

brieflichen Äußerungen aus den Jahren unmittelbar vor dem Ersten Weltkrieg erkennen, daß er sich zu ihr nur deshalb bekannte, weil sie ihm die
Abwehr eines konkreten Engagements und die rigorose Organisation der
eigenen Vereinzelung ermöglichte. Durch seine Erziehung in einem liberalen Elternhaus den kulturellen und religiösen Traditionen des Judentums entfremdet, war ihm im August 1912 in den gemeinsam mit seinen
zionistischen Schulfreunden Kurt Tuchler und Franz Sachs in Stolpmünde
verbrachten Ferien zum erstenmal *Zionismus und zionistisches Wirken
als Möglichkeit und damit vielleicht als Verpflichtung* entgegengetreten.[31]
Im darauffolgenden Winter entwickelte er in einem von ihm selbst als
programmatisch bezeichneten Briefwechsel mit dem gleichaltrigen Dichter Ludwig Strauss eine eigenständige Haltung zur Frage des Judentums,

21

das für ihn zum Exponenten und Erneuerer des Geisteslebens werden sollte. Im Gegensatz zu Strauss, der als *tätiger Zionist* und Übersetzer ostjüdischer Literatur zu den dezidiertesten Verfechtern einer Selbstbesinnung des Judentums gehörte, grenzte Benjamin sich vom Zionismus als politischer und gesellschaftlicher Bewegung ab, da dessen *Nationalismus* der Berufung des Judentums zu einem übernationalen *radikalen Kulturwillen* diametral zuwiderlaufe.

Statt dessen bekannte er sich zu einem *Kultur-Zionismus, der die jüdischen Werte allerorten sieht und für sie arbeitet.*[32] In diesem Sinne war ihm sein Judentum Verpflichtung zur Entfaltung europäischer Kultur. *Meine Erfahrung brachte mich zu der Einsicht: die Juden stellen eine Elite dar in der Schar der Geistigen ... Denn das Judentum ist mir in keiner Weise Selbstzweck, sondern ein vornehmster Träger und Repräsentant des Geistigen.*[33] An dieser Position hat Benjamin im Grunde sein Leben lang festgehalten. Er hat sie auch dann noch verteidigt, als die Realgeschichte durch die nationalsozialistische Herrschaft in Deutschland seine Vorstellungen von einer europäischen Kulturmission des Judentums zur Illusion hatte werden lassen. Wie seine verzweifelten Bemühungen um eine Rekonstruktion des 19. Jahrhunderts im Pariser Exil belegen, konnte selbst die physische Bedrohung der eigenen Existenz gegen seinen utopischen Entwurf einer Vollendung der europäischen Kultur aus dem Geiste des Judentums nichts ausrichten.

Man wird Benjamins Einstellung zum Judentum keineswegs mit den herkömmlichen Assimilationstendenzen des arrivierten jüdischen Bürgertums gleichsetzen dürfen. Liegt ihr doch ein sehr waches Bewußtsein von der eigenen sozialen Sonderrolle und ihrer Bedingtheit durch seine jüdische Herkunft zugrunde. In seinem *Dialog über die Religiosität der Gegenwart,* den er 1913 als Typoskript unter seinen Freunden zirkulieren ließ, hat er in Fortführung des Gedankenaustauschs mit Ludwig Strauss sich selbst ein höchst persönliches Leitbild vorgeschrieben, wobei er sich zugleich mit der Weltanschauung des Bildungsbürgertums auseinandersetzt. Gegenüber dessen durch die klassische Tradition geprägtem «Pantheismus» besteht er auf dem grundsätzlichen Dualismus von Natur und Geist und widerspricht damit ausdrücklich der optimistischen Annahme Wynekens von einer fortschreitenden Vergeistigung der Natur. Historisch beruft er sich dabei auf die von Kant zur Grundlage des modernen Denkens gemachte Unterscheidung von Sinnlichkeit und Vernunft und auf die Entdeckung der *Nachtseite des Natürlichen* durch die Romantik.

Als entscheidend für Benjamins religiöse Standortbestimmung erweisen sich jedoch seine geheime Affinität zum jüdischen Monotheismus, dem die Natur als mythisches Element zutiefst verdächtig ist, und seine persönliche Erfahrung des Lebens in der Großstadt Berlin. So werden für ihn die Außenseiter, die Kaffeehausexistenzen, weil sie am weitesten von allem *natürlichen* Leben entfernt sind, zum Träger der Sehnsucht nach der neuen Religion. *Sie wird wieder einmal vom Geknechteten ausgehen – der Stand aber, der heute diese historische, notwendige Knechtung trägt, das sind die Literaten. Sie wollen die Ehrlichen sein, ihre Kunstbegeisterung, ihre «Fernsten-Liebe», um mit Nietzsche zu reden, wollen sie darstellen, aber die Gesellschaft verstößt sie – sie selber müssen selber alles All-zumenschliche, dessen der Lebende bedarf, in pathologischer Selbstzer-störung ausrotten.*[34] So spricht einer, der sich seiner Grenzen als Autor frühzeitig bewußt geworden ist, der weiß, daß ihm die *Einheit des Augen-blicks, der Ekstase, der großen Schauenden* abgeht[35], der aber, indem er den Literaten als extreme Ausprägung des eigenen jüdischen Außensei-tertums begreift, ihn als Grenzfigur konstruiert, von der das künftige Heil zu erwarten ist.

Trotz seiner Revolte gegen das bürgerliche Milieu seiner Herkunft hat Benjamin sich immer geweigert, die eigene Praxis als rein gesellschaftli-che oder politische zu begreifen. *Ich denke (nicht sozialistisch, sondern in irgendeinem anderen Sinne) an die Menge der Ausgeschlossenen und an den Geist, der mit den Schlafenden im Bunde ist,* schreibt er im November 1913 an Carla Seligson, die wie er aktiv an den Sitzungen des Berliner Sprechsaals teilnahm.[36] Der Satz ist als Stellungnahme in einem Streit zu verstehen, der sich im Winter 1913/14 anbahnte und der schließlich zur Spaltung der Berliner Wynekianer führte. Unter dem Einfluß Siegfried Bernfelds, des Gründers und Leiters des Wiener «Akademischen Comi-tés für Schulreform», versuchte eine Gruppe um den «Anfang»-Heraus-geber Georges Barbizon den Berliner Sprechsaal zu politisieren. Fritz Heinle und Simon Guttmann, unterstützt von Benjamin, traten solchen Versuchen entgegen. Benjamin wandte sich schließlich in einem zehnsei-tigen *Offenen Brief* an Wyneken, worin er betonte, daß es ihm bei all seinen Aktionen nur um die Erhaltung der reinen Gemeinschaft der Ju-gend gegangen sei, und sich schließlich förmlich *von dem, was bisher Ju-gendbewegung war,* lossagte.[37] In der Folge stellte er seine Mitarbeit am «Anfang» ein und zog sich aus dem Berliner Sprechsaal zurück.

Seine Weigerung, sich im Sinne des Zionismus oder des Sozialismus politisch zu engagieren, womit er dem *Geist der Jugend* die Treue zu hal-ten glaubte, hatte vor allem den Sinn, die Verpflichtung des einzelnen zu eigenverantwortlichem Handeln und Denken zu betonen. Bekenntnis-haft schreibt er im September 1913 an Carla Seligson: *Das ist das wichtig-ste: wir dürfen uns nicht auf einen bestimmten Gedanken festlegen, auch der Gedanke der Jugendkultur soll eben für uns nur die Erleuchtung sein, die noch den fernsten Geist in den Lichtschein zieht. Aber für viele wird eben auch Wyneken, auch der Sprechsaal, eine «Bewegung» sein, sie wer-den sich festgelegt haben, und den Geist nicht mehr sehen, wo er noch freier, abstrakter erscheint. Dies ständige vibrierende Gefühl für die Ab-straktheit des reinen Geistes möchte ich Jugend nennen.*[38] Die in dieser *Metaphysik der Jugend* beschworene Erleuchtung erwartete Benjamin von dem über Literatur vermittelten Gespräch mit Gleichgesinnten, letzt-lich von einer Wendung nach innen.

Nach seinem Rückzug aus dem Sprechsaal hat Benjamin seine Vorstel-lungen von einer unabhängigen Jugendkultur ein letztes Mal organisa-torisch durchzusetzen versucht, indem er sich am Ende des Winter-semesters 1913/14 zum Präsidenten der Berliner Freien Studentenschaft wählen ließ. In seiner Rede zum Eröffnungsabend des Sommersemesters 1914 polemisierte er vor allem gegen das soziale Engagement der Studenten, das für ihn *ein höchster und verwerflichster Ausdruck des Relativismus* ist, da *keine innere und ursprüngliche Verbindung . . . zwischen dem geistigen Dasein eines Studierenden und seinem fürsorglichen Interesse für Arbeiterkinder* bestehe.[39] Einmal mehr forderte er *die Konstituierung, besser Ermöglichung, einer nur noch innerlich und intensiv, nicht im geringsten mehr politisch begründeten Jugendgemeinschaft*[40]. Benjamins Berliner Kommilitonen verweigerten diesem Programm rundheraus die Gefolgschaft. Einen Monat später wiederholte er seine Rede auf der jährlichen Zusammenkunft aller freistudentischen Gruppen, dem *Freistudententag,* der im Juni 1914 in Weimar stattfand. Auch hier erlebte er die gleiche Enttäuschung. Aus München, wohin er anschließend fuhr, um seine damalige Verlobte Grete Radt zu besuchen, berichtete er erbittert über die *kompakte Böswilligkeit dieser Versammlung* und die *täglich wiederholten brutalen Niederstimmungen.*[41]

Die doppelte Niederlage veranlaßte Benjamin, sich ganz aus der organisatorischen Arbeit in der Jugendbewegung zurückzuziehen. Statt dessen veröffentlichte er seine Berliner und Weimarer Rede, vermehrt um einige entscheidende methodische Einleitungs- und Schlußabschnitte, unter dem Titel *Das Leben der Studenten* 1915 in Efraim Frischs Zeitschrift «Der Neue Merkur». In diesem Kontext erscheint sie als anarchistisches Manifest, das die Grundlagen der bürgerlichen Gesellschaft, Familie, Beruf und soziales Verantwortungsgefühl in Frage stellt, um der Jugend den Freiraum einer *Gemeinschaft schöpferischer Menschen* zu eröffnen.[42] Bei der Ausarbeitung seiner Rede hatte Benjamin sich an Fichtes «Deduziertem Plan einer in Berlin zu errichtenden höheren Lehranstalt» und an Nietzsches «Von der Zukunft unserer Bildungsanstalten» orientiert. So konstatiert er zu Beginn seines Aufsatzes in Anlehnung an deren Methode: *Der einzige Weg, von der historischen Stelle des Studententums und der Hochschule zu handeln, ist das System,* um unmittelbar darauf hinzuzufügen: *Solange mancherlei Bedingungen hierzu versagt sind, bleibt nur das Künftige aus seiner verbildeten Form im Gegenwärtigen erkennend zu befreien. Dem allein dient die Kritik.*[43] Kritik, in Zukunft für Benjamin der Königsweg der Erkenntnis, erscheint hier als Ersatz eines unmöglich gewordenen philosophischen Systems und, was noch entscheidender ist, als Ersatz einer gescheiterten gesellschaftlichen Praxis.

Benjamin sichert sein kritisches Verfahren durch eine explizite geschichtsphilosophische Konstruktion, welche die Gegenwart nicht als leere, neutrale Geschichtszeit interpretiert, sondern als Augenblick, der auf die messianische Zukunft hin gespannt ist. *Die Elemente des Endzustandes liegen nicht als gestaltlose Fortschrittstendenz zutage, sondern sind als gefährdetste, verrufenste und verlachte Schöpfungen und Gedanken tief in jeder Gegenwart eingebettet. Den immanenten Zustand der Vollkommenheit rein zum absoluten zu gestalten, ihn sichtbar und herrschend in der Gegenwart zu machen, ist die geschichtliche Aufgabe.*[44] In diesen Sätzen, die seine früheren Aussagen über den Literaten auf objektiver Ebene wiederaufnehmen, hat Benjamin zum erstenmal die Geschichte als Medium der von ihm erstrebten religiösen Erfahrung beschrieben und die geschichtsphilosophische Kritik, die *das Künftige aus seiner verbildeten Form im Gegenwärtigen erkennend zu befreien* sich vorsetzt, als deren eigentliche Methode entdeckt.

Unter Benjamins Beziehungen zu Gleichaltrigen war die zu Fritz Heinle von entscheidender Bedeutung. Zwar kam es auch zwischen ihnen zu Auseinandersetzungen, nachdem der junge Lyriker seinem Freund von Freiburg nach Berlin gefolgt war. Doch hat Benjamin in der zwischen ihnen herrschenden Spannung eine sein künftiges Leben entscheidende Konstellation gesehen, in der *die Notwendigkeit der Idee* sich manifestiere. Über ein Aussöhnungsgespräch mit Heinle berichtete er brieflich an Carla Seligson: *Er stellte sich mir gegenüber im Namen der Liebe und ich setzte ihm das Symbol entgegen. Sie werden die Einfachheit und Fülle der Beziehung für uns verstehen, die beides für uns hat ... trotzdem jeder der andere ist, muß er aus Notwendigkeit bei seinem eignen Geist bleiben.*[45] Vieles spricht dafür, daß Benjamin in dieser Gegenüberstellung die archetypische Verwirklichung seiner Idee einer reinen, geistigen Gemeinschaft gesehen hat und damit zugleich die von ihm erwünschte Symbiose von Deutschen und Juden. Heinle war für ihn der Produktive, der Dichter, der im Namen der Liebe sprechen durfte, während er selbst sich mit der Rolle des Literaten identifizierte, der in allen Manifestationen des Lebens das Geistige zu entziffern sich vorsetzte.

Bei Ausbruch des Ersten Weltkriegs meldete Benjamin sich, *keinen Funken Kriegsbegeisterung im Herzen,* als Freiwilliger in der Kavalleriekaserne in der Berliner Bellalliancestraße, um zu erreichen, beim Militärdienst nicht von seinen Freunden getrennt zu werden.[46] Dann trat *das Ereignis* ein, vor dem für ihn lange Zeit alles andere, auch der blutige Konflikt der europäischen Staaten, zur Bedeutungslosigkeit versank. Am 8. August nahmen Fritz Heinle und Rika Seligson, die Schwester Carlas, sich aus Verzweiflung über den Krieg gemeinsam im «Heim» des Sprechsaals das Leben. Für Benjamin wurde dieser Tod zu einer Art Urerlebnis. Er markierte für ihn das Ende der Jugendbewegung und der mit ihr verbundenen Hoffnungen. In dieser Weise hat er selbst ihn in einem seiner frühesten literarischen Essays, der Kritik von Dostojewskijs «Der Idiot» aus dem Sommer 1917, gedeutet. Mit der seinen frühen Aufsätzen eigentümlichen Direktheit findet Benjamin dort seine persönlichen Erfahrungen im literarischen Text wieder: *Das ist die große Klage Dostojewskijs in diesem Buch: das Scheitern der Bewegung der Jugend ... Weil Natur und Kindheit fehlen, ist das Menschentum nur in einer katastrophalen Selbstvernichtung zu erreichen.*[47] Zu Recht lasen Benjamins Freunde diese Sätze «als eine esoterische Äußerung über F. Heinle»[48].

Mehr noch als die Vernichtung seiner Hoffnungen, eine Gemeinschaft der Geistigen zu formen, ist im Tod Heinles die Erfahrung des Überlebens für Benjamins Existenz von entscheidender Bedeutung geworden. Als Überlebender gibt er Zeugnis von der Produktivität des Dichters und deren Vernichtung und gleichzeitiger Sinnerfüllung im Tod. Er hat die

*Porträtzeichnung
des Dichters C. F. Heinle*

Erfahrung gemacht, daß die Reinheit des Geistes nicht im Leben, sondern nur in der dichterisch gestalteten Sprache zu finden ist und daß sie nicht durch gesellschaftliche Praxis, sondern nur durch die Sprache der Nüchternheit, die für ihn die Prosa der Kritik spricht, sichtbar und wirksam gemacht werden kann. So vermischt sich die Gestalt des toten Dichterfreundes für ihn mit der durch Norbert von Hellingrath vermittelten des späten Hölderlin zu einem neuen Idealbild menschlicher Existenz. In seiner *ersten größeren Arbeit, einem Versuch über zwei Hölderlinsche Gedichte,* die in den Monaten nach Heinles Freitod entstand und seinem Freund gewidmet war, steigert er dessen Schicksal im Medium der vergleichenden Interpretation von Hölderlins Oden «Dichtermut» und «Blödigkeit» zu einer Apotheose des Dichters als des Retters der Welt. Ist der Dichter doch das einheitsstiftende *Prinzip der Gestalt,* das eine auseinanderfallende Welt zusammenhält. Indem er Volk und Göttern ihre Form verleiht, gibt er auch *sich selbst Gestalt.* Solches ist aber nur einem Menschen möglich, *der sich der Gefahr preisgibt, dadurch sie in seinem Tode zur Gefahr der Welt erweitert und überwindet zugleich.*[49] Der Tod wird demnach, ähnlich wie später im *Trauerspielbuch,* als das Prinzip definiert, das der Gestalt des Dichters ihren endgültigen Umriß, seinem Text die Bedeutung und seinem Werk Wirkung und Glaubwürdigkeit verleiht. Diese «existentialistische» Literaturinterpretation deutet das Schicksal des Dichters als ein tragisches. Er muß notwendigerweise untergehen, damit er seine eigentliche Aufgabe, die Stiftung von Weltbezügen, erfüllen kann.

Benjamins ursprüngliche Gleichgültigkeit gegenüber dem Krieg verwandelte sich schnell in eine dezidierte, theoretisch begründete Gegnerschaft, die zu der allgemeinen Aufbruchsstimmung im Herbst 1914 in deutlichem Kontrast stand. Dem Wehrdienst entzog er sich, indem er sich bei der Musterung, «wie er es vorher eingeübt hatte, als Zitterer» vorstellte.[50] Gerhard Scholem, der mit ihm im Sommer 1915 anläßlich einer Diskussion über das «Wesen des historischen Prozesses» nähere Bekanntschaft schloß, berichtet von «seiner totalen Abneigung, über die politischen Tagesereignisse und Vorgänge des Krieges zu sprechen»[51]. Nur einmal unterbrach Benjamin sein Schweigen. Als Gustav Wyneken Ende 1914 seinen Aufruf «Jugend und Krieg» veröffentlichte, antwortete er ihm im März 1915 mit einem Absagebrief, in dem er noch einmal aufzählte, was dieser ihm als *Träger einer Idee,* der ihn *als erster in das Leben des Geistes führte,* bedeutet hatte, um ihm dann Verrat an eben dieser Idee vorzuwerfen und sich endgültig von ihm loszusagen.[52]

Ende Oktober 1915 siedelte Benjamin nach München, dem Studienort seiner Verlobten, über, um sich vor dem Krieg unterzustellen und sein Studium fern von den allzu schmerzhaften Berliner Erinnerungen fortzusetzen. Auch hier bewertete er den akademischen Lehrbetrieb gänzlich negativ. Das Kolleg des berühmten Kunsthistorikers Heinrich Wölfflin hielt er für *sehr schlecht*[53]. Einzig das Privatissimum des Amerikanisten Walter Lehmann *über altmexikanische Kultur und Sprache,* an dem auch Rainer Maria Rilke teilnahm, wurde von ihm als *wissenschaftlich und gesellschaftlich von Rang* eingestuft.[54] Das nicht geringe Maß an Snobismus, das solchen Urteilen anhaftet, findet seine subjektive Berechtigung in Benjamins ständiger Selbstreflexion, durch die er sich des eigenen Standpunkts von immer neuen Positionen her zu vergewissern suchte. In demselben Brief, in dem er von seinen Münchner Studien berichtet, bemüht er sich charakteristischerweise zugleich, die neuen Wege seines Denkens und Schreibens in einen Begründungszusammenhang zu bringen: *Theorie ist es, die eigentlich die quellende Fruchtbarkeit unsrer Produktion, ihre Gesundheit im höchsten Sinne, ausmacht . . . dies vermag sie, indem sie mit einem stillen klaren Feuer ständig die Bilder jener ersten und einfachsten Idee erhellt, auf die Produktivität immer zurückgreift, um wachsen und sich entfalten zu können. Das Licht der Theorie ist unendlich, als Schein überhaupt, wie begrenzt ihre Gegenstände auch sein mögen.*[55] Geschichtsphilosophie, Literaturkritik und hier nun Theorie sind die Wege, auf denen Benjamin experimentierend dem eigenen Denkverfahren zustrebt. Sie alle konvergieren in dem Ziel, das Leben, die Gegenstände dieser Welt in Beziehung zu setzen zu der reinen Realität, die er zuvor Geist nannte und die er jetzt platonisierend mit dem Neukantianismus Ideen nennt.

Der Vermittlung dieser beiden Pole, von deren spannungsgeladenem Gegensatz noch die begriffliche Anstrengung der *Erkenntniskritischen Vorrede* des *Trauerspielbuchs* zeugt, ist Benjamin in seiner Sprachphilosophie am nächsten gekommen. Sein Interesse an der Sprache wurde, wie er selbst in einem späten Lebenslauf bekundet, durch die Übungen des Berliner Privatdozenten Ernst Lewy über Wilhelm von Humboldt geweckt und durch seine Münchner Studien bei Lehmann gefördert. Den Anstoß zur schriftlichen Ausarbeitung seiner Gedanken gab die intensive

Diskussion mit Scholem, der zu dieser Zeit noch Mathematik studierte, sich aber auch schon mit der jüdischen Mystik befaßte. Benjamins grundlegender Aufsatz *Über Sprache überhaupt und über die Sprache des Menschen,* der gegen Ende des Jahres 1916 in München niedergeschrieben wurde, verdankt seine Entstehung der Bemühung Benjamins, die Diskussionen mit Scholem über das Wesen der Sprache auf brieflichem Wege fortzusetzen.

So ist dieser Text von seiner sprachlichen Haltung her denn auch äußerst verschlossen, ist ein Medium der Selbstbefragung und der Verständigung mit dem durch die gleichen Fragen betroffenen Freund. In ihm geht es darum, sich *mit dem Wesen der Sprache auseinander zu setzen, und zwar ... in immanenter Beziehung auf das Judentum und mit Beziehung auf die ersten Kapitel der Genesis*[56]. Diese briefliche Selbstinterpretation belegt, wie sehr die ursprüngliche Konstellation von Benjamins Denken sich bei allen Transformationen gleichgeblieben ist. Hatte er schon seine Bemühungen um eine geistige Gemeinschaft in der Jugendbewegung als reinste Verwirklichung der Intentionen seines Judentums verstanden, so gilt dies in noch höherem Maße von seiner frühen Sprachphilosophie.

Walter Benjamin unterscheidet vier Stufen der Sprache, denen eine *Abstufung allen geistigen Seins in Gradstufen* entspricht: die schaffende Sprache, in der das Wort die Dinge unmittelbar schafft und im Namen erkennt; die adamitische, die eine Sprache der reinen Erkenntnis im Namengeben ist; die gegenwärtige menschliche Sprache, die Benjamin die urteilende nennt; und schließlich die stumme Sprache der Dinge.[57] Es ist evident, daß allein die dritte Stufe, die verdorbene Sprache des Menschen, der Anschauung unmittelbar zugänglich ist. Dennoch ist die Konstruktion dieser Hierarchie nicht durchaus theologisch zu verstehen. Vielmehr läßt sich dem Text eine doppelte Bewegung ablesen. Was als theologischer Kommentar eines heiligen Textes erscheint, erweist sich in dialektischer Rückwendung als die Begründung von Hierarchien sprachlichen Seins mit dem Ziel, aus der verderbten Gegenwartssprache den utopischen Stand ihrer Vollkommenheit erkennend zu befreien.

Die menschliche Sprache ist in ihrer Defizienz durch eine grundlegende Dualität gekennzeichnet. Sie ist einerseits signifikative Sprache, andererseits ist sie Ausdruck eines geistigen Wesens, das nur in ihr sich mitteilt. Indem sie die stumme Sprache der Dinge in Worte übersetzt, in ihnen aber auch das geistige Wesen des Sprechers zum Ausdruck bringt, ist sie *Empfängnis und Spontaneität zugleich*[58]. Benjamin sucht in der Menschensprache deren Extrempunkt zu bestimmen, an dem sie zur nächst höheren Sprachstufe transzendiert. Dieser Grenzfall tritt im Namen ein. In ihm hat die gegenwärtige Sprache an der adamitischen teil, in der die *intensive Totalität der Sprache* gegeben ist.[59] Benjamin begreift demnach die Aufgabe der Kritik als Übersetzung in die vollkommenere adamitische Sprache oder als Aktivierung dessen, was an der Sprache Symbol des Nicht-Mitteilbaren ist.

Im Sinne seiner mystischen Theorie des Namens hat Benjamin auch die Trauer über den Verlust seines Freundes Heinle verarbeitet. An die Stelle des Toten, seiner konkreten Person tritt allmählich mit dem Namen die reine Sprache ins Zentrum der Aufmerksamkeit des Erinnernden. Benjamin selbst hat dem Schreibvorgang, mit dem er sich in den Kriegsjahren von dem tödlichen Schock befreite, im ersten seines 50 Sonette umfassenden Zyklus auf Fritz Heinle und Rika Seligson diesen Sinn gegeben.[60] In ihm ruft er in Bildern, die vielfach der Rilkeschen Poesie entlehnt sind, das Gedächtnis der körperlichen und geistigen Gestalt seines Freundes herauf, um endlich festzustellen, er könne sie *heiter* entbehren,

> *Wenn nur in mir du deinen heilgen Namen*
> *Bildlos errichtest wie unendlich Amen.*

Diesen Versen entspricht der Schluß des 50. Sonetts und damit des ganzen Zyklus, in dem das Ziel, das Erscheinen der reinen Sprache, in Bildern aus der prophetischen und kabbalistischen Tradition sich ankündigt:

> *Befreiter Blick trat in den Wendekreis*
> *Der hohen Trauer wo sich aus den bleichen*
>
> *Wintern errichtete das neue Reis*
> *In dessen Kelchen schlummerten die Samen*
> *Kommender Lieder aus gelobtem Namen.*[61]

Der frühe Sprachaufsatz bewegt sich am Rande des Sagbaren und Verständlichen. Sein Autor selbst hat diese extreme Position einem seiner Meinung nach Außenstehenden, nämlich Martin Buber, der ihm im Juli 1916 die Mitarbeit an seiner Zeitschrift «Der Jude» angetragen hatte, brieflich verständlich zu machen gesucht: *Mein Begriff sachlichen und zugleich hochpolitischen Stils und Schreibens ist: hinzuführen auf das dem Wort versagte; nur wo diese Sphäre des Wortlosen in unsagbar reiner Macht sich erschließt, kann der magische Funken zwischen Wort und bewegender Tat überspringen, wo die Einheit dieser beiden gleich wirklichen ist.*[62] Das Motiv solcher Anstrengungen am Rande des Verstummens ist die Rettung von Erfahrungen, die rationaler Erkenntnis nicht verfügbar sind. Die Einheit der verschiedenen, aus dem Scheitern der Jugendbewegung hervorgegangenen Entwürfe einer eigenständigen Theorie durch Benjamin wäre als Synthese von Geschichtsphilosophie, Literaturkritik und Sprachtheorie zu denken, wobei stets *die Sprache als eine letzte, nur in der Entfaltung zu betrachtende, unerklärliche und mystische Wirklichkeit vorausgesetzt wird.*[63] In der aus diesen Elementen sich konstituierenden «kritischen Theorie» ist Zentrum und Ursprung von Benjamins Denken zu finden. An sie knüpfte er die utopische Erwartung, daß sich in ihr die Wahrheit als unmittelbar wirksame, weltverändernde messianische Kraft erweist.

Kunstkritik aus dem Geiste
der Romantik (1917–1923)

*Alles, außer dem wenigen wodurch ich mein Leben zum Leben bestimmen
ließ, dem ich in den letzten beiden Jahren mich zu nähern suchte, war Untergang und ich finde mich hier in vielfachem Sinne gerettet: ... entronnen
der rohen Anarchie, der Gesetzlosigkeit des Leidens.*[64] Mit diesem Satz aus
einem Ende Juli 1917 in St. Moritz geschriebenen Brief an Ernst Schoen
verlieh Benjamin seinem Gefühl der Erleichterung darüber Ausdruck,
daß er sich durch seine Übersiedlung in die Schweiz endlich vor der persönlichen und geschichtlichen Katastrophe des Krieges in Sicherheit
wußte. In den unruhigen Monaten, die voraufgingen, hatte er die nähere
Bekanntschaft Dora Pollaks, der Tochter des Wiener Anglisten und Zionisten Leon Kellner, gemacht, die sich damals gerade von ihrem ersten
Mann, dem Journalisten Max Pollak, getrennt hatte. Sie war es auch, die
ihm half, sich dem drohenden Militärdienst zu entziehen, als ihn Anfang
Januar 1917 erneut der Gestellungsbefehl erreichte. Ischiasanfälle, die er
entweder unter ihrer Anleitung simulierte oder, wie Scholem behauptet,
unter Hypnose erlitt, bewirkten, daß er für kriegsdienstuntauglich befun-
den wurde.[65] Am 17. April 1917 heirateten Dora und Walter Benjamin in
Berlin. Kurze Zeit später begab er sich in ein Sanatorium nach Dachau,
um sein «Leiden» auszukurieren. Dort erhielt er auch das ärztliche «At-
test ... das ihm die Ausreise in die Schweiz ermöglichte»[66]. Diese erste,
noch freiwillige Emigration ist bei ihm wie bei den wenigen deutschen
Intellektuellen, die einen ähnlichen Schritt vollzogen, Hermann Hesse,
Hugo Ball oder Ernst Bloch, als Zeichen einer bewußten Abwendung von
der herrschenden öffentlichen Meinung des kriegführenden Deutschland
zu werten.

Nach Sommeraufenthalten in St. Moritz und Zürich ließen Dora und
Walter Benjamin sich im Herbst in Bern nieder, wo im April des folgenden Jahres ihr Sohn Stefan geboren wurde. Schon bald begann Benjamin
auf der Suche nach einem Thema für seine geplante Dissertation sich erneut mit der Philosophie Kants zu beschäftigen. Schien es ihm doch, wie
er im Oktober 1917 an Scholem schrieb, festzustehen, *daß es sich im Sinne
der Philosophie und damit der Lehre, zu der diese gehört, wenn sie sie nicht
etwa sogar ausmacht, nie und nimmer um eine Erschütterung, einen Sturz
des Kantischen Systems handeln kann sondern vielmehr um seine granitne
Festlegung und universale Ausbildung ... Einzig im Sinne Kants und Pla-
tos und wie ich glaube im Wege der Revision und Fortbildung Kants kann*

Dora Benjamin mit Sohn Stefan, um 1925

die Philosophie zur Lehre oder mindestens ihr einverleibt werden.[67] Unter Lehre ist in diesen sehr bestimmten Sätzen die Darstellung absoluter Wahrheit in einem philosophischen System zu verstehen, dessen Entwurf Benjamin alsbald in seinem Aufsatz *Über das Programm der kommenden Philosophie* vorlegte. Die selbstbewußte Attitüde, mit der er dem Freund gegenüber sein persönliches philosophisches Glaubensbekenntnis formulierte, darf allerdings nicht darüber hinwegtäuschen, daß er die methodischen Grundsätze, auf die er sich beruft, aus dem von ihm damals gelesenen Werk Hermann Cohens über «Kants Theorie der Erfahrung» übernahm, das die Einführung des «Platonismus in den Kritizismus» oder, sachlich gewendet, die Neufassung des Dings an sich als Idee zur Grundlage jeden Fortschritts in der Philosophie erklärt hatte.

In seinem Aufsatz, den er zur Selbstvergewisserung und als Diskussionsgrundlage für seine Freunde niederschrieb, geht es Benjamin allerdings gerade darum, die Einschränkung des Erfahrungsbegriffs auf den der mathematischen Naturwissenschaften, wie ihn die neukantianische Schulphilosophie vorgenommen hatte, zu überwinden. Durch eine *Annihilierung* der von Kant und seinen Nachfolgern vollzogenen Reduzierung der Erfahrung auf *menschlich empirisches Bewußtsein* soll die *kommende Philosophie,* diese Aufgabe stellt ihr Benjamin, die *Fundierung eines höhern Erfahrungsbegriffes* vornehmen.[68] Als Instrument *der reinen Erkenntnis* bestimmt er erneut die Sprache, weil in ihr nicht nur der traditionelle Subjekt-Objekt-Gegensatz aufgehoben sei, sondern weil sie zugleich die Kontinuität der Erfahrung von der höchsten, als die ihm hier noch die religiöse gilt, bis zur niedrigsten garantiere.

Der programmatische Entwurf von 1918 geht davon aus, daß ein philosophisches System darstellbar sei, dessen Hierarchie von Ideen in der reinen Erkenntnis gipfelt, *als deren Inbegriff allein die Philosophie Gott denken kann und muß*[69]. An die Stelle der mathematisch-naturwissenschaftlichen Erfahrung will Benjamin also die religiöse setzen, die in der Sprache ihren Ursprung hat. Diese Restauration theologischer Lehre in der Philo-

Hermann Cohen

Georg Lukács, um 1915

sophie veranlaßt ihn in der Einleitung seines Aufsatzes zu der Vermutung, daß das *Hauptproblem der Philosophie ... vielleicht nur aus der Zeit der Scholastiker zu restituieren sei.*[70] Schon diese Formulierung legt es nahe, Benjamins Rückgriff auf die Theologie nicht als eine private Idiosynkrasie zu begreifen. Vielmehr läßt sich eine theologische Wende zu dieser Zeit in den Werken zahlreicher Intellektueller beobachten. Martin Heidegger etwa ist in seiner Habilitationsschrift über Duns Scotus von 1916, die Benjamin im Jahre 1920 auf der Suche nach einem eigenen Habilitationsthema las und deren Nähe zu seinen eigenen Bestrebungen er sich eingestand[71], den von ihm erwogenen, aber nicht eingeschlagenen Weg zurück zur Sprachphilosophie des Mittelalters gegangen. Noch enger sind die Beziehungen von Benjamins Denken zu Ernst Blochs 1918 veröffentlichtem Erstling «Geist der Utopie» und Georg Lukács' kurz zuvor entstandener «Theorie des Romans», da sie auf ähnlichen geschichtsphilosophischen Grundpositionen beruhen. Sensibler als die breite Öffentlichkeit reagierten diese jungen Intellektuellen auf die Erschütterung der alten Gesellschaftsform, die sich im europäischen Krieg ankündigte und die den positivistischen Fortschrittsglauben des Wilhelminischen Bürgertums unterminierte.

33

Ernst Bloch. Gemälde von Willy Geiger, 1921.

Ernst Bloch, den Benjamin 1918 persönlich kennenlernte und mit dem er in Bern längere Zeit nachbarschaftlich verkehrte, riß in seinem Werk eine unüberbrückbare Kluft zwischen den utopischen Qualitäten der Welt, die er zum Gegenstand seiner Spekulation machte, und dem Geschehen des Tages auf: «Was jetzt war, wird wahrscheinlich bald vergessen sein. Nur eine leere, grausige Erinnerung bleibt in der Luft stehen ... Es lohnt sich nicht mehr, darüber zu reden», sagt er in den einleitenden Sätzen des Buches über den Krieg. So ist denn das neue Leben, das Bloch als Synthese aus Musik und Mystik, Metaphysik und Sozialismus entwirft, wahrhaft «ins Blaue hinein» gebaut, wie sein Autor in richtiger Einschätzung des romantischen Idealismus seiner Unternehmung bemerkt.[72] Bei Lukács wie bei Bloch bleibt der eschatologisch erhoffte bessere Zustand der Welt unvermittelt mit deren aktueller Misere. Gleichermaßen die als kommend projektierte Erneuerung der theologischen Lehre bei Benjamin, der als jüngster der drei am stärksten der Terminologie traditioneller

34

Religiosität verhaftet bleibt. Für sie alle, die sich als erklärte Gegner des Krieges aus der offiziellen deutschen Öffentlichkeit ausgeschlossen sahen, war der Entwurf eines intelligiblen Kosmos Flucht und Protest zugleich, Protest gegen einen Zustand der Welt und der Gesellschaft, der ihnen unerträglich war, dem sie aber als sozial und wirtschaftlich Privilegierte nicht unmittelbar ausgesetzt waren.

Gemeinsam ist allen drei Autoren auch die historische Fundierung ihrer Theorien auf denen der Romantiker. Wie die «Theorie des Romans» in ihrer geschichtsphilosophischen Konstruktion auf Friedrich Schlegels frühe Schriften zurückgreift, so beruft sich der «Geist der Utopie» auf Schelling und Fichte. Diese Aktualisierung findet ihre Rechtfertigung in der ähnlichen historischen Erfahrung, die die beiden Kriegsgenerationen verbindet. Lukács, Bloch und Benjamin suchen den Zusammenbruch des bürgerlichen, als Lebensphilosophie, Positivismus oder Neukantianismus auftretenden Weltbildes in der Katastrophe des Ersten Weltkriegs in derselben Weise durch eine Aufladung des Kritizismus mit metaphysischen Gehalten zu überwinden, wie schon die Romantiker aus der Perspektive der nicht unmittelbar betroffenen Intellektuellen auf die Vernichtung der spätfeudalen Gesellschaftsstrukturen in Deutschland mit einer Flucht aus der Kantischen, als formalistisch kritisierten Philosophie in eine neue Mythologie reagierten. Romantische Gottessuche als Antwort auf eine historische Umbruchssituation ist die Signatur der Zeit 1794 so gut wie 1918.

Benjamin hat die Aktualität der Romantik frühzeitig erkannt und sich von ihr bei seiner Suche nach einem Dissertationsthema leiten lassen. Nachdem er das Frühjahr 1918 damit zugebracht hatte, sich *in den hiesigen Seminaren einzuführen,* vornehmlich in dem seines künftigen Doktorvaters Richard Herbertz, wandte er sich im Sommer der intensiven Lektüre der romantischen Quellenschriften zu.[73] Schon im November konnte er die zentrale These seiner Untersuchung in einem Brief an Ernst Schoen skizzieren: *Die Arbeit behandelt den romantischen Begriff der Kritik (der Kunstkritik). Aus dem romantischen Begriff der Kritik ist der moderne Begriff derselben hervorgegangen; aber bei den Romantikern war «Kritik» ein ganz esoterischer Begriff der auf mystischen Voraussetzungen beruhte was die Erkenntnis betrifft, und der was die Kunst angeht, die besten Einsichten der gleichzeitigen und spätern Dichter, einen neuen, in vieler Beziehung unsern Kunstbegriff in sich schließt.*[74]

Den Winter 1918/19 widmete Benjamin ganz der intensiven Arbeit an seiner Dissertation. Wie sehr er sich dabei gegen die Nachrichten über die politischen Veränderungen in Deutschland abschottete, läßt die vom 9. November 1918 datierte Nachschrift des zitierten Briefes ahnen: *Gestern erhielt ich ... die Nachricht von der Ausrufung der bayerischen Republik ... Jedenfalls werden die Aufträge für die Auktion wohl hinfällig sein, da sie kaum stattfinden wird.* Dem eingezogenen Leben des Gelehrten, Sammlers und Familienvaters fehlen auch die skurrilen Züge nicht. So ließ er sich von seinem Adepten Gerhard Scholem, der die Sommermonate mit den Benjamins verbrachte, rector mirabilis der *Universität Muri* titulieren, so benannt nach dem kleinen Ort bei Bern, in den er im Mai

Gerhard Scholem, 1920

1918 umgezogen war. Scholem fiel in diesem Rollenspiel die Stellung des Pedells zu, was offensichtlich auch seine damalige Abhängigkeit von dem älteren Denker zum Ausdruck bringen sollte. Immerhin nahmen die beiden diese im Stil eines Primanerscherzes gehaltene Satire auf den Wissenschaftsbetrieb so ernst, daß sie Statuten und Vorlesungsankündigungen der Universität ausarbeiteten und später bei Scholems Vater, der eine Druckerei besaß, drucken ließen.[75]

Trotz seiner äußeren Abgeschiedenheit entwickelte Benjamin in seiner wissenschaftlichen Arbeit das feinste Sensorium für die aktuellen Probleme der Zeit. Er selbst war sich des Gegensatzes zwischen der konventionellen akademischen Form seiner Dissertation und ihres weitergehenden Anspruchs durchaus bewußt. Als er im April 1919 die Rohschrift der Arbeit abgeschlossen hatte, stellte er fest: *Was sie sein sollte, ist sie geworden: ein Hinweis auf die durchaus in der Literatur unbekannte wahre Natur der Romantik – auch nur mittelbar das weil ich an das Zentrum der Romantik, den Messianismus – ich habe nur die Kunstanschauung behandelt – ebenso wenig wie an irgend etwas anderes, das mir höchst gegenwärtig ist herangehen durfte, ohne mir die Möglichkeit der verlangten komplizierten und konventionellen wissenschaftlichen Haltung, die ich von der echten unterscheide, abzuschneiden. Nur: daß man diesen Sachverhalt von innen heraus ihr entnehmen könne, möchte ich in dieser Arbeit erreicht haben.*[76] In diesen Sätzen ist der metaphysische Hintergrund angedeutet, den die

Terror treibt manche Theorie
Durch feierliche Termini.
Jedes Problem: den Tod, die Zahl
Behandelt man transzendental.

Aus dem Lehrgedicht der «Universität Muri»

akademische Form der Dissertation verbirgt. Am privilegierten Beispiel der Kunst und unter Berufung auf seine romantischen Vorläufer etabliert Benjamin die Vorrangstellung der Kritik als Erkenntnismethode über das Systemdenken, das ihm nach seinen geschichtlichen Erfahrungen seit 1914 obsolet geworden ist. Kritik wird daher von ihm als absolut *positives* Verfahren definiert: *Kritik ist also, ganz im Gegensatz zur heutigen Auffassung ihres Wesens, in ihrer zentralen Absicht nicht Beurteilung, sondern einerseits Vollendung, Ergänzung, Systematisierung des Werks, andrerseits seine Auflösung im Absoluten.*[77] Wie zuvor in seiner Sprachphilosophie und als spezielle Anwendung derselben definiert er die einzelnen Werke und Kunstformen als Kontinuum, das insgesamt auf die *transzendentale Ordnung der Kunst* bezogen ist. Die Tätigkeit des Kritikers soll, so verstanden, in Bezug auf das Werk nichts anderes als die *Offenbarung seiner absoluten Abhängigkeit von der Idee der Kunst* bewirken.[78] Das theologische Vokabular solcher Definitionen verweist darauf, daß hier wie in der Sprachphilosophie und in der Umdeutung der Kantischen Erkenntniskritik auf ein Höchstes gezielt wird, das im profanen Kontext nicht benannt werden kann, auf das Benjamin aber am Schluß seiner Abhandlung hindeutet, wenn er von Friedrich Schlegel behauptet: *Die Absolutierung des geschaffenen Werkes, das kritische Verfahren, war ihm das Höchste. Es läßt sich in einem Bild versinnlichen als die Erzeugung der Blendung im Werk. Diese Blendung – das nüchterne Licht – macht die*

Vielheit der Werke verlöschen. Es ist die Idee.[79] Die Metapher aus der mystischen Tradition, deren Benjamin sich in seinem, wie er selbst sagt, *esoterischen Nachwort* zur Kennzeichnung der romantischen Kritik bedient, läßt die messianische Konstellation durchschimmern, auf die die Gesamtkonzeption seiner Abhandlung bezogen ist.

Nach bestandener Doktorprüfung blieb Benjamin bis zum Herbst 1919 in der Schweiz, wo er vor allem mit Ernst Bloch verkehrte und sich mit dessen «Geist der Utopie» als mit *einer wahrhaft gleichzeitigen und zeitgenössischen Äußerung* auseinandersetzte, was ihn in seiner *Ablehnung jeder heutigen politischen Tendenz* bestärkte.[80] Den Winter 1919/20 verbrachte er in Österreich, hauptsächlich in der Familie seiner Frau in Wien. Mit diesem ostentativen Fernbleiben von Berlin versuchte er sich einen Freiraum gegenüber den Plänen seines Vaters zu schaffen, der dem Siebenundzwanzigjährigen nahegelegt hatte, nach abgeschlossenem Studium einen «bürgerlichen» Beruf zu ergreifen. Benjamin hingegen wollte sein Leben als Privatgelehrter fortsetzen mit dem Ziel, sich möglichst schnell zu habilitieren, was eine fortgesetzte finanzielle Unterstützung durch seinen Vater voraussetzte. Die Monate in Breitenstein und Wien nutzte er für die Suche nach einem Arbeitsthema aus dem *großen Problemkreis Wort und Begriff (Sprache und Logos)*[81]. Als im März 1920 die durch die Inflation in Mitleidenschaft gezogenen Vermögensverhältnisse des Vaters es nicht mehr zuließen, daß er außerhalb des elterlichen Haushalts lebte, sah er sich gezwungen, mit seiner Familie nach Berlin in die Villa in der Delbrückstraße zurückzukehren. Die Briefe aus diesen Monaten berichten von ständigen Auseinandersetzungen, die zu einem *vollständigen Zerwürfnis* mit den Eltern führten und die auch dann nicht endeten, als Benjamin im Herbst eine eigene Wohnung bezog.[82]

Eine weitere Gefährdung seiner Habilitationspläne sah Benjamin in der Beschäftigung mit dem Hebräischen, zu der ihm Scholem und Erich Gutkind geraten hatten. Auch hier wehrte er sich energisch gegen die Verfälschung seiner eigenen Intentionen: *Ich kann mich den jüdischen Dingen nicht mit meiner letzten Intensität zuwenden, bevor ich aus meinen europäischen Lehrjahren dasjenige gezogen habe, was wenigstens irgend eine Chance ruhigerer Zukunft, Unterstützung durch die Familie und dergleichen begründen kann.*[83] In diesem Satz aus einem Brief vom Dezember 1920 an Scholem werden praktische Gründe vorgeschützt, um davon abzulenken, daß ihn *die Philosophie ganz ausschließlich in Anspruch* nahm. Um den praktischen Forderungen des Vaters und seinen eigenen geistigen Ansprüchen zugleich Genüge zu tun, faßte Benjamin den Plan, eine eigene Zeitschrift herauszugeben. Der Verleger Weißbach in Heidelberg, mit dem Benjamin über den Druck seiner Übersetzungen von Baudelaires «Tableaux Parisiens» in Verhandlungen stand, bot ihm im August 1920 die Leitung einer Zeitschrift an, die als Ersatz für die zuvor bei ihm erschienene expressionistische Zeitschrift «Die Argonauten» gedacht war. Benjamin konzipierte den «Angelus Novus», zu dessen Titel er sich durch ein kurz zuvor von ihm in München erworbenes Bild von Paul Klee inspirieren ließ, nach seiner eigenen Formulierung rigoros als *Privatzeit-*

schrift[84]. Nach dem Vorbild des «Athenäum» der Gebrüder Schlegel und der «Blätter für die Kunst» des George-Kreises sollte sie nur *einen ganz engen geschlossenen Kreis von Mitarbeitern haben*[85].

Obwohl Benjamin im November 1921 mit Gedichten aus dem Nachlaß Fritz Heinles, der «Historischen Psychologie des Karnevals» von Florens Christian Rang, der Erzählung «Synagoge» von S. J. Agnon und seinem eigenen Essay über *Die Aufgabe des Übersetzers* ein erstes Heft zusammenstellen konnte, gedieh die Zeitschrift nicht über das Projektstadium hinaus.[86] Wegen der fortschreitenden Inflation konnte oder wollte der Verleger den Druckkostenzuschuß für die exklusive Publikation nicht mehr aufbringen. Aber auch ohne diese materiellen Hindernisse war sie, wie Benjamin sich zögernd eingestand, auf Grund ihrer inneren Widersprüche zum Scheitern verurteilt. Mit der talmudischen Legende vom «Neuen Engel», die er an das Ende seiner Ankündigung der Zeitschrift setzte, um deren Namen zu begründen, hatte er allegorisch auf die Erkenntnismethode hingewiesen, die in ihr vorherrschen sollte. Dabei machte er die Figur des Engels in der Synthese aus ältester religiöser Tradition und künstlerischer Avantgarde zum geheimen Sinnbild des eigenen Tuns als Kritiker. Beide lesen aus den Bruchstücken und Scherben der jüngsten Geschichte deren Heil heraus und tragen sie so vor Gott. Hinter der Forderung, die Zeitschrift habe *dem kritischen Wort seine Gewalt zurückzugewinnen,* verbirgt sich so eine letzte hochmütige Bestimmung ihrer Funktion.[87] Letztlich war der «Angelus Novus» auf menschliche Leser nicht angewiesen.

Diese nicht geschriebene Zeitschrift könnte mir nicht wirklicher und nicht lieber sein, wenn sie vorläge.[88] Als Benjamin sich im Oktober 1922 mit diesem Satz über das Scheitern seines Projekts tröstete, waren die Absichten, die er mit ihm verfolgte, bereits in die Vorarbeiten zu seinem großen Essay über Goethes Roman «Die Wahlverwandtschaften» eingegangen, den er ursprünglich als *exemplarische Kritik* für eines der ersten Hefte des «Angelus Novus» geplant hatte.[89] Kritik bezieht sich stets auf das autonome Kunstwerk als auf ihren eigentlichen Gegenstand, so schon ihr erstes, Schule machendes Beispiel, Friedrich Schlegels Interpretation des «Wilhelm Meister». An diesem Vorbild orientierte sich Benjamin in seinem Essay über Goethes letzten symbolischen Roman, der auf Grund der Reinheit und Geschlossenheit seiner Komposition schon seit dem Beginn des 19. Jahrhunderts als Musterbeispiel eines klassischen Kunstwerks gegolten hatte. Indem er ihn zum Gegenstand seiner Analyse machte, konnte er den Anspruch erheben, die ästhetischen Grundlagen der Goetheschen Kunstepoche insgesamt einer Kritik zu unterziehen. Die Konzentration der Kritik aufs Werk zieht eine polemische Wendung gegen die zeitgenössische Literaturwissenschaft nach sich, die Poesie nicht anders denn als «Ausdruck und Darstellung des Lebens» begreifen kann.[90] Diese methodische Prämisse der Arbeiten Diltheys findet Benjamin noch in der 1916 erstmals erschienenen Goethe-Biographie Friedrich Gundolfs wieder, mit der er sich exemplarisch auseinandersetzt, um *Klarheit über das theoretische Verhältnis von Wesen und Werk* zu schaffen.[91]

Zurecht kritisiert Benjamin, daß Gundolf Goethes Leben nach Analogie eines Werkes konstruiere, so daß schließlich dessen Leben als sein größtes Werk, der Autor selbst als Heros erscheine.

Diese methodologischen Klärungen werden von Benjamin deshalb so genau genommen, weil er aus der Kritik des klassischen Kunstwerks eine wahrhaft aktuelle Standortbestimmung der eigenen Zeit zu gewinnen sucht. Goethe hatte in seiner Geschichte von der Viererbeziehung zwischen Eduard und Ottilie, dem Hauptmann und Charlotte die Gefährdung der Ehe durch die leidenschaftliche Liebe gestaltet, wobei er am Ende die gesellschaftliche Ordnung triumphieren ließ. Die Liebenden aber, deren Sehnsucht sich in diesem Leben nicht erfüllen kann und die daher in den Tod flüchten, machte er am Ende zu den eigentlich Gerechtfertigten. Ottilie wird zur Heiligen, an deren unverwestem Leichnam sich Wunder ereignen. In der Tradition, so auch bei Gundolf, wurde diese Fabel als Beleg dafür angesehen, daß Goethe in seinem Roman die Versittlichung, ja Heiligung des natürlichen Menschen habe darstellen wollen. Dem widerspricht Benjamin in seinem die Kritik vorbereitenden Kommentar entschieden. Für ihn sind die polaren Gegensatzpaare, in die die bisherigen Interpreten den ideologischen Gehalt des Romans fassen wollten, Liebe und Ehe, Leidenschaft und gesellschaftliche Norm, Sinnlichkeit und Sittlichkeit, insgesamt der Sphäre des Mythos zugehörig.

In diesem bis in sein Spätwerk hinein zentral gebliebenen Begriff ist Benjamins Zeitkritik enthalten. In dem 1919 geschriebenen Aufsatz *Schicksal und Charakter* hatte er den Mythos mit Hilfe der Kantschen Unterscheidung von Natur und Übernatur als Naturgeschichte zu definieren versucht. Deutlicher kommt der Zeitbezug seiner geschichtsphilosophischen Konstruktion in dem 1921 unmittelbar vor der *Wahlverwandtschaftenarbeit* geschriebenen Essay *Zur Kritik der Gewalt* zum Ausdruck. In ihm übernimmt Benjamin den Gegensatz zwischen mythischem Polytheismus und Wahrheit der monotheistischen Religion, den Hermann Cohen in seinem Werk «Die Religion der Vernunft aus den Quellen des Judentums» (1919) aufgestellt hatte. Doch anders als Cohen geht es ihm nicht um religionsphilosophische Erkenntnisse, sondern um aktuelle politische Bezüge. Erscheint bei ihm doch der *politische Generalstreik*, als welchen er die Revolution von 1918/19 charakterisiert, als mythische Gewalt, weil er nur eine Herrschaftselite durch die andere ersetzt habe. Wohingegen er vom *proletarischen Generalstreik*, der *als reines Mittel gewaltlos* zu sein habe, die Abschaffung von Herrschaft überhaupt fordert und damit eine *Durchbrechung* der mythischen Wiederholung des Immergleichen, das sich Geschichte nennt.[92] Diese Utopie einer den Mythos vernichtenden anarchistischen Revolution ist in Benjamins Werk durchgehend theologisch fundiert. In der frühen *Kritik der Gewalt* wie in seinem letzten Text, den *Thesen über den Begriff der Geschichte*, wird sie als Einbruch Gottes in die Geschichte in der Gestalt des Messias vorgestellt.

Gesellschaftsverfassung, Recht und Geschichte, von denen man gemeinhin annimmt, sie seien einem fortschreitenden Rationalisierungs-

Friedrich Gundolf

prozeß unterworfen, werden von Benjamin pauschal in den Bereich des *bloßen Lebens* zurückgestoßen. So erscheint der Mythos bei ihm als Chiffre für die totale Negation der Welt, wie sie ist, und als Begründung für die Forderung nach deren Vernichtung, darin Lukács' Bestimmung der Moderne als des *Zeitalters* «der vollendeten Sündhaftigkeit» durchaus verwandt. Im *Wahlverwandtschaftenessay* überträgt Benjamin diese prinzipielle Opposition gegen eine im Stadium der Naturgeschichte verharrende Welt auf die Kunst, indem er nachweist, daß die Welt des Romans nichts anderes ist als eine Reproduktion der natürlichen Schuldverfallenheit allen Lebens. Dem mythischen Bereich rechnet er vor allem die Ehe zu, die für Gundolf und andere Interpreten gerade als der Ansatzpunkt des Sittlichen im Roman gegolten hatte. Hierzu sieht er sich berechtigt, weil die Ehe im Roman als bloße Rechtsnorm wirke, der die Rechtfertigung, *Ausdruck für das Bestehen der Liebe* zu sein, schon längst abhanden gekommen sei und die in ihrem Verfall allein die mythischen Gewalten des Rechts freisetze.[93] Den *Schuldzusammenhang alles Lebendigen* sieht Benjamin schließlich gerade da seine Rechte fordern, wo das Werk nach dem Willen des Dichters die rein natürliche Sphäre transzendieren sollte, in der Gestalt der Ottilie. Ihr Verzicht auf das Leben kann nach ihm nicht als befreiend gelten, weil er allein auf dem kreatürlichen Hingezogensein zum Tode beruhe und somit mythischer Zweideutigkeit verhaftet bleibe. Als Zeichen hierfür sieht er ihr Verstummen an. *Kein sittlicher Entschluß*, stellt er kategorisch fest, *kann ohne sprachliche Gestalt, und streng genommen ohne darin Gegenstand der Mitteilung geworden zu sein, ins Leben treten. Daher wird, in dem vollkommenen Schweigen der Ottilie, die Moralität des Todeswillens, welcher sie beseelt, fragwürdig.*[94]

Die Folge dieser zwei Sätze kann als charakteristisch für den Argumentationszusammenhang Benjaminschen Interpretierens gelten. Der Vordersatz dekretiert autoritativ ein allgemeines Prinzip, das aus Benjamins «Lehre», aus seiner Sprachphilosophie, stammt, ohne es im neuen Kontext abzuleiten oder zu begründen. Von ihm aus wird im zweiten Satz ein dem literarischen Text entnommenes Faktum einer wertenden Beurteilung unterzogen: Entsagung bekommt den negativen Akzent der Todesverfallenheit. Zugleich aber wird dem exponierten theoretischen Vordersatz durch die Beziehung auf den dichterischen Text der Schein einer Evidenz zugesprochen. Die einzelnen ästhetischen Zeichen werden so nicht mehr aus ihrem unmittelbaren Kontext heraus gedeutet, sondern auf ein unabhängig von ihnen bestehendes System bezogen, das als geschichtsphilosophisches auf Benjamins eigener historischer Erfahrung beruht. In ihm gilt Sprachlosigkeit stets als Naturverfallenheit, Natur als Schuldzusammenhang und ihre ästhetische Reproduktion als Mythos. Indem die Kritik den symbolischen Roman als archetypische Darstellung des natürlichen Lebens entlarvt, fällt sie über die Goethesche Kunstepoche insgesamt das vernichtende Urteil, ihre Werke seien von Zweideutigkeit geprägt, und über deren kunstgläubige Interpreten, für die Gundolf als Stellvertreter einzustehen hat, ihre Auslegung sei nichts anderes als eine Fortführung der mythischen Rede der Dichter in einem anderen Medium.

Für Benjamin ist das Vertrauen auf die Güte und Schöpferkraft der Natur *Idolatrie*. Der religiöse Unterton dieser Kritik ist nicht zufällig. Er verweist auf die theologische Lehre, aus der heraus der Kritiker seine Maßstäbe bezieht, wenn er das klassische Kunstwerk als Mythos entlarvt. Mit ihr transzendiert er die Negativität der Kritik insgeheim auf ein utopisches Ziel hin. Verweisen doch kraft der inneren Logik des Systems die kritischen Begriffe immer schon auf ihren Gegenpol: Stummheit auf Sprache, Mythos auf Wahrheit, Schicksal auf Freiheit und Natur auf Gott.

Benjamins Kritik gewinnt dadurch an Evidenz, daß sie auch diese positiven Bestimmungen in Goethes Werk auszumachen vermag. Indem er die *Korrespondenzen* und Gegensätze zwischen dem Roman und der in ihn eingelegten Novelle von den «Wunderlichen Nachbarskindern» als *Schlüssel* für seine Interpretation nimmt, gelingt es ihm, im Werk selbst den Ort zu identifizieren, an dem der Bannkreis des natürlichen Geschehens gesprengt wird.[95] Als letztes und höchstes Zeichen für diesen Einbruch der Wahrheit in den Text gilt ihm das Faktum, daß der Jüngling in der Novelle seine Geliebte entblößt, nachdem er sie aus dem Wasser gezogen hat. Diese Handlung, in Goethes Erzählung als Wiederbelebungsversuch aus einem pragmatischen Zusammenhang heraus wohl begründet, verwandelt sich unter dem Blick des Allegorikers in eine Chiffre für den metaphysischen Urgrund des Textes: *Als Leiche erscheint uns der Mensch und als Liebe sein Leben, wenn sie vor Gott sind. Daher hat der Tod Macht zu entblößen wie die Liebe. Unenthüllbar ist nur die Natur, die ein Geheimnis verwahrt, so lange Gott sie bestehn läßt. Entdeckt wird die Wahrheit im Wesen der Sprache. Es entblößt sich der menschliche Körper, ein Zeichen, daß der Mensch selbst vor Gott tritt.*[96] Diese durch ihre Rhythmisierung rhapsodisch hervorgehobenen Sätze transzendieren unverhüllt ins Theologische. Sie wollen bedeuten, daß die Novelle als Utopie zu lesen ist, als Idealbild ehelicher Liebe, die dem Bereich des Natürlichen entzogen, nur im Angesicht Gottes möglich sei. Allegorische Substitution ist das Verfahren, das es erlaubt, die beispielhaft nüchterne Erzählform mit metaphysischen Gehalten aufzuladen. Sie rettet das obsolet gewordene Kunstwerk, indem sie ihm eine neue Wahrheit unterlegt.

Der *Wahlverwandtschaftenessay* ist Jula Cohn gewidmet, die zum weiteren Umkreis der George-Schule gehörte und mit Gundolf freundschaftlich verbunden war.[97] Die Bildhauerin, Schwester von Benjamins Freund und Klassenkamerad Alfred Cohn, der er im Jahre 1912 zum erstenmal begegnete, war im April 1921 nach Berlin zurückgekehrt und wohnte eine Zeitlang bei Benjamin und seiner Frau. Schon vor dem Krieg hatte sie, wie er in der *Berliner Chronik* berichtet, *die eigentliche Schicksalsmitte* seines Freundeskreises dargestellt.[98] Erst 1917 nach seiner Heirat hatte er die Beziehung zu ihr abgebrochen, weil *aller Versuche ungeachtet die wir (Jula, meine Frau und ich) gemacht haben ein harmonisches und gegründetes Verhältnis zu einander zu finden,* ein Zusammenleben nicht möglich gewesen war.[99] Vier Jahre später stürzte die erneuerte Zuneigung zu ihr Benjamins Ehe in eine, wie Scholem schreibt, zerstörende und für sein Leben folgenreiche Krise.[100] Er trennte sich zeitweilig von seiner Frau und ließ sich schließlich 1930 *nach sieben Jahren des Zögerns* von ihr scheiden.[101]

Die Ärztin und Psychologin Charlotte Wolff, die Benjamin im Jahre 1922 kennengelernt hatte, berichtet, er habe mit ihr bei Gelegenheit der Lektüre seines *Wahlverwandtschaftenessays* die Frage erörtert, *wie große Werke der Literatur sich durch persönliche Probleme entfalten*[102]. Es ist evident, daß Benjamin in dem Roman seine persönlichen Lebensumstände wiedererkannt hat. Dieser existentielle Hintergrund hat in der Textgestalt der Kritik selbst seinen Niederschlag gefunden, so etwa in der Charakterisierung des liebenden Mädchens, von dem gesagt wird: *... ihr ganz natürliches Gebaren macht trotz vollkommener Passivität, die der Ottilie im Erotischen sowie in jeder anderen Sphäre eignet, diese bis zur Entrücktheit unnahbar.*[103] Diese Beschreibung findet ihr Pendant in den Sätzen der *Berliner Chronik*, in denen es von Jula Cohn heißt: *Und wirklich war sie nie der Mittelpunkt von Menschen, sondern, im strengen Sinne, wirklich der von Geschicken, als habe ihre pflanzenhafte Passivität und*

Trägheit diesen, die ja am meisten von allen menschlichen Dingen pflanzlichen Gesetzen zu unterliegen scheinen, sie zugeordnet.[104] Die an den «Wahlverwandtschaften» gewonnene Einsicht und seine persönlichen Lebenserfahrungen nähern sich für Benjamin – das zeigt diese Parallele – bis zur Ununterscheidbarkeit an. Indem er Goethes Roman interpretiert, verleiht er als Kritiker der literarischen Gestalt der Ottilie die Züge Jula Cohns. Andererseits findet er als Liebender das Verhältnis zu seiner Geliebten vom «Schicksal» bestimmt und stellt es damit in die kritische Perspektive, der er es auch in seinem Essay über den Roman unterwirft.

Benjamin macht die geliebte Frau, die ihm die nächste ist, zur fernsten, indem er sie zur Ottilie stilisiert, also zu einer Liebenden, die sich in die fernste Ferne, den Tod, entzieht. Was treibt ihn zu solcher Distanzierung? Wenn man sein vergleichbares Verhalten anderen Frauen, etwa Asja Lacis, gegenüber bedenkt, liegt die Vermutung nahe, daß er durch die Abwehr einer dauerhaften Bindung sich zu schützen versuchte, weil er den Tod der Liebe im Alltag zu ertragen unfähig war. Aber nicht von individualpsychologischen Sachverhalten soll hier die Rede sein, sondern davon, wie einem großen Liebenden die Liebe allein möglich zu sein scheint: im Verzicht auf Erfüllung. Benjamin verwandelt die Geliebte in einen Text und den Text in die eigentliche Geliebte. Diesen geliebten Gegenstand vermag nur das unendliche Studium näherzubringen. Gleichzeitig hält es ihn in ehrfürchtiger Distanz, um ihn nicht in der Banalität zu vernichten.

Die Umwandlung der erotischen Leidenschaft durch die Lektüre und Produktion eines Textes bedeutet für Benjamin jedoch keinen endgültigen Verzicht auf die geliebte Frau. In der 1933 niedergeschriebenen autobiographischen Notiz *Agesilaus Santander* hat er seine Entsagung mit der Gestalt des Angelus Novus in Zusammenhang gebracht: *Indem er nämlich sich den Umstand zunutze machte, daß ich unterm Saturn zur Welt kam – dem Gestirn der langsamsten Umdrehung, dem Planeten der Umwege und der Verspätungen – schickte er seine weibliche Gestalt der männlichen im Bilde auf dem längsten verhängnisvollsten Umweg nach, obschon doch beide einmal – nur kannten sie einander nicht, aufs innigste benachbart gewesen waren. Er wußte vielleicht nicht, daß sich die Stärke dessen, den er so treffen wollte, derart am besten zeigen konnte: nämlich wartend. Wo dieser Mann auf eine Frau stieß, die ihn bannte, war er unversehens entschlossen, auf ihrem Lebensweg sich auf die Lauer zu legen und zu warten, bis sie krank, gealtert, in zerschlissenen Kleidern ihm in die Hände fiele.*[105] Zurecht hat Scholem diese Sätze auf Benjamins Verhältnis zu Jula Cohn bezogen.[106] Was er jedoch nicht gesehen hat ist die Tatsache, daß hier eine versteckte Selbstinterpretation des *Wahlverwandtschaftenessays* vorliegt. Der *längste verhängnisvollste Umweg*, auf dem die weibliche Gestalt des Engels der männlichen nachfolgt, ist die des kritischen Textes. Nur so läßt sich der rätselhafte Fingerzeig verstehen, sie seien einst benachbart gewesen, ohne sich zu kennen. Sie waren sich nahe in Benjamins Plan, den verschlüsselten Text über Jula Cohn für die Zeitschrift «Angelus Novus» zu schreiben. Auch die Definition des Glücks, das der Schreibende von 1933 für den geliebten Menschen herbeisehnt, verdankt sich der früheren Interpretation der «Wunderlichen Nachbarskinder»: *Er will das Glück: den Widerstreit, in dem die Verzückung des Einmaligen, Neuen, noch Ungelebten mit jener Seligkeit des Nocheinmal, des Wiederhabens, des Gelebten liegt.*[107] Solches Glück haben die beiden Nachbarskinder erfahren, die sich in der Kindheit liebten und diese Liebe nach dem Durchgang durch tödliche Gefahr verwandelt in der Ehe wiederfanden. Benjamin schreibt es sich selbst und der Geliebten zu, weil er die Gewißheit hat, daß auch ihnen nach dem Durchgang durch die Fremde des Textes die ersehnte Wiedervereinigung geschenkt werden wird.

Geleitet von dieser *seligen Ahnung* findet der Kritiker auch im Text des Romans selber ein Zeichen der Erlösung: *Jener Satz, der, mit Hölderlin zu reden, die Cäsur des Werkes enthält und in dem, da die Umschlungenen ihr Ende besiegeln, alles inne hält, lautet: «Die Hoffnung fuhr wie ein Stern, der vom Himmel fällt, über ihre Häupter weg.»*[108] Benjamin zitiert Goethes Worte als Unterpfand dafür, daß auch den Figuren des Romans wie den Menschen seines eigenen Lebenskreises, die er in ihnen wiederfindet, die Befreiung aus dem Banne des *natürlichen Schuldzusammenhangs* gelingen könne, weshalb auch für sie *die Hoffnung auf Erlösung, die wir für alle Toten hegen,* Geltung habe.[109] Diese eschatologische Aufladung ist nur dadurch möglich, daß er den Satz aus dem Kontext des Romans herauslöst und ihn christlichen Vorstellungen vom Weiterleben nach dem Tode annähert. Bei Goethe liest sich das anders. Im Bild des «Sterns, der vom Himmel fällt», weist er auf das Trügerische der Hoffnung hin. In Erwartung eines baldigen, endgültigen Zusammenseins geben die Liebenden frei ihrer Liebe ungehemmten Ausdruck. Gerade ihre von der Hoffnung provozierte Umarmung aber führt zu dem Unglück auf dem See, das ihre Vereinigung für immer unmöglich macht. Indem Benjamin den einzelnen Satz als Zitat aus dem vom Dichter gesetzten Sinngefüge isoliert, macht er ihn zum bedeutungsneutralen Zeichen, dem er ebenso wie der *nüchternen* Erzählung der Novelle die eigene Wahrheit unterlegen kann. So stark ist der Sog der theologischen Sinngebung, daß der Kritiker am Ende den ursprünglichen Werkzusammenhang zerstört und damit in Widerspruch zu den Intentionen des Autors gerät.

Benjamin war sich der methodischen Eigenart seiner Interpretation durchaus bewußt. Er reflektiert sie, indem er sie als weitere Sinnschicht im Roman selbst ansiedelt. Zu diesem Zweck deutet er die Gestalt der Ottilie als allegorische. Sie ist nicht nur die schuldig-unschuldige Liebende, die dem Schicksal verfallen den Tod findet, und als solche eine Konfiguration des schönen Scheins. Sie verkörpert vielmehr diesen selbst. So kann die Geschichte ihres Lebens vom Kritiker als diachronisch ausgebreitete Struktur und damit als Sinnbild für die Wandlungen gelesen werden, denen der schöne Schein im Kunstwerk unterliegt. In Ottiliens Verzicht auf Erfüllung ihrer Leidenschaft und deren Umwandlung in stille Neigung kündigt sich demnach schon der Untergang des schönen Scheins an; denn die tränenreiche Rührung, welche die Liebenden in den letzten Kapiteln des Romans vereinigt, verdrängt ihn zugunsten des *Scheins der Versöhnung*[110]. Aber auch dieser muß vergehen. Mit dem Tod der ihn

Walter Benjamin. Büste von Jula Cohn, 1926

verkörpernden Figur, mit dem Tod der Ottilie, hört Schein überhaupt auf und Wahrheit bricht an. Als kunstmetaphysische Metafabel gelesen, übernimmt der Roman so am Ende selbst das Werk der Kritik. Indem er den Schein in sich zerstört, sagt er die Wahrheit, die darin besteht, daß nur im Untergang des Scheins die Wahrheit im Kunstwerk sich zeigt.

Im Ausdruckslosen erscheint die erhabne Gewalt des Wahren, wie es nach Gesetzen der moralischen Welt die Sprache der wirklichen bestimmt. Dieses nämlich zerschlägt was in allem schönen Schein als die Erbschaft des Chaos noch überdauert: die falsche, irrende Totalität – die absolute. Dieses erst vollendet das Werk, welches es zum Stückwerk zerschlägt, zum Fragmente der wahren Welt, zum Torso eines Symbols.[111] Statt positiver Zielbestimmung versuchen diese poetologischen Kernsätze des Essays, die Bedingung der Möglichkeit von Wahrheitserkenntnis im Kunstwerk negativ zu definieren. Der Ort der Wahrheit wird als defizienter bestimmt, als das Ausdruckslose. Das heißt, nur dort, wo die immer schon Gegenstände des natürlichen Lebens designierenden Zeichensysteme der Sprache und der Kunst neutralisiert werden, wo ihnen ihr Verweisungscharakter genommen wird, kann die Wahrheit erscheinen. Die Kritik bewirkt dies dadurch, daß sie sich an die nüchterne, «ausdruckslose» Novelle hält, oder dadurch, daß sie einzelne Sätze des Romans als Zitate isoliert, oder schließlich dadurch, daß sie den ganzen Roman durch ihre allegorische Lektüre seiner «natürlichen» Aussage entkleidet. Bedingung der Möglichkeit von Wahrheit ist demnach die Vernichtung der irrenden Totalität. Unter der aber ist die Natur zu verstehen, wie sie im symbolischen Kunstwerk erscheint, durch den ästhetischen Schein zu einer Ganzheit gerundet und in dieser alle Einzelheiten rechtfertigend. Darunter ist aber auch das symbolische Kunstwerk selbst zu verstehen, das in seinem Wesen als Immanenz des Ganzen in jedem seiner Teile sich begreift. Als irrig erscheint diese Totalität im Lichte religiöser Erfahrung, durch die, wie Benjamin im *Programmentwurf* festgestellt hatte, einzig konkrete Totalität vermittelt werden kann und die auch im *Wahlverwandtschaftenessay* stets den Hintergrund für die negative Beurteilung des natürlichen Lebens abgibt.

Die zitierten Sätze sind deshalb von entscheidender Bedeutung für die ästhetische Diskussion der ersten Jahrhunderthälfte, weil in ihnen von der aktuellen historischen Erfahrung des Zerbrechens der bürgerlichen Welt her das symbolische Kunstwerk zum erstenmal theoretisch begründet in Frage gestellt wird. Sie tragen so ein Doppelgesicht. Werden doch die Forderungen der Romantik an die Kritik von diesem ihrem letzten Vertreter erst eigentlich mit Leben erfüllt und dadurch zugleich überwunden. Mit Leben erfüllt: denn der kritische Text verwandelt sich in seinem Innersten das Leben des Kritikers an und wird dadurch selbst zum autonomen Kunstwerk, wie Friedrich Schlegel von ihm gefordert hatte und wie es schon vor 1914 in den Essays Oscar Wildes, Rudolf Kassners und in Georg Lukács' Buch «Die Seele und die Formen» zu beobachten war. Solche Grenzüberschreitung der Kritik aber ist nur möglich, indem sie ihre eigentliche Basis, das klassische Kunstwerk, radikal in Frage stellt. Die historische Schwellenstellung des von Benjamin gewählten essayistischen Verfahrens hat in dem Ausdruck *Torso eines Symbols,* mit dem er das von der Kritik *vollendete* Kunstwerk bezeichnet, ihren genauesten Niederschlag gefunden. Er will sagen, daß gerade das Fragmentarische, zu dem die Kritik das Werk zurichtet, ein zutreffenderes Bild des Daseins gibt als die erschlichene heile Welt des Symbols. Allerdings bringt die Formulierung auch die tiefste Ambiguität der Benjaminschen Interpretation zum Vorschein. Das symbolische Weltverständnis wird nur negiert, um dadurch um so sicherer den absoluten Wahrheitsanspruch der Kunst zu retten.

Das Faszinosum des *Wahlverwandtschaftenessays,* seine Vielschichtigkeit und seine rätselhafte Tiefe, die als existentielles Engagement unter der glanzvollen, ja blendenden Oberfläche sich verbirgt, hat schon dessen erste Leser, Florens Christian Rang und Hugo von Hofmannsthal, in seinen Bann geschlagen. Rang hatte im April 1923 Hofmannsthal über das Scheitern von Benjamins Zeitschriftenplan berichtet und sich selbst und Benjamin als Mitarbeiter für dessen «Neue Deutsche Beiträge» empfohlen.[112] Im November des gleichen Jahres übersandte er ihm das Manuskript des *Wahlverwandtschaftenessays*. Hofmannthals spontane und enthusiastische Zustimmung beruht auf der Einsicht, daß Benjamins Essay die Forderungen erfüllt, die er selbst in seinem Programm der «Neuen Deutschen Beiträge» an die Kritik gestellt hatte: «Keine Kritik – es sei denn, sie werde wie in seltensten Fällen zum Kunstwerk (Solgers Kritik der ‹Wahlverwandtschaften›, die Goethen so erfreulich war ...).»[113] Was Hofmannsthal nur in der klassischen Vergangenheit glaubte finden zu können, sah er nun in dem Manuskript des unbekannten jungen Literaten vor sich. So publizierte er Benjamins *Wahlverwandtschaftenessay* als zentralen Prosabeitrag des ersten und zweiten Heftes der zweiten Folge der «Neuen Deutschen Beiträge».

Aber auch Benjamin hätte keinen den eigenen Intentionen gemäßeren Publikationsort finden können. Hofmannthals Zeitschrift war wie sein eigener «Angelus Novus» auf äußerste Exklusivität bedacht. Als Sammelpunkt der in räumlicher und zeitlicher Distanz isolierten schöpferischen Individuen um den gemeinsamen «geistigen Besitz der Nation» geplant, stand sie auch in ihrer theoretischen Fundierung Benjaminschen Konzeptionen nahe: «Die Sprache, ja, sie ist Alles; aber darüber hinaus, dahinter ist noch etwas: Die Wahrheit und das Geheimnis.»[114] Mit diesem Programm einer Sammlungsbewegung auf der Grundlage einer esoterischen Sprachphilosophie konnte Benjamin sich ohne weiteres identifizieren. Deshalb sein Enthusiasmus über die sich ihm eröffnende Publikationsmöglichkeit: *In schriftstellerischer Hinsicht ist dieser Erscheinungsmodus, als in der bei weitem exklusivsten der hiesigen Zeitschriften für mich überaus wertvoll ... Was aber die publizistische Wirkung betrifft, so ist dieser Ort für meinen Angriff auf die Ideologie der Schule von George geradezu der gegebene. Vielleicht nur an diesem einzigen Ort dürfte es liegen, wenn es ihr schwer fallen sollte, die Invektive zu ignorieren.*[115]

Mit dieser Voraussage sollte Benjamin Unrecht behalten. Nicht nur ignorierte Gundolf souverän die gegen ihn vorgetragene Polemik, sondern auch ein allgemeineres publizistisches Echo blieb aus. So ist der *Wahlverwandtschaftenessay* erst nach der Neuveröffentlichung in der Mitte der fünfziger Jahre von der literarischen Öffentlichkeit zur Kenntnis genommen worden. Wohl aber hat die Zusammenarbeit mit Hofmannsthal die Anfänge von Benjamins Karriere als Publizist und Kritiker außerordentlich gefördert. In seinen Briefen wurde der arrivierte Schriftsteller schnell zum *neuen Patron* ernannt, dessen Ansehen und Einfluß er bei seinen Verhandlungen mit Verlagen bewußt ins Spiel brachte.[116] Auch scheute er sich nicht, im Jahre 1924 durch die Vorlage der lobenden Äußerungen Hofmannsthals über sein Werk von seinen Eltern *eine ganz schmale Jahresrente* zu erwirken, die dem damals immerhin schon Zweiunddreißigjährigen die weitere von Erwerbsarbeit ungestörte Vorberei-

Hugo von Hofmannsthal, um 1911

tung auf die Habilitation ermöglichen sollte.[117] Schließlich ist einer brieflichen Äußerung zu entnehmen, daß auch die Beziehungen zum Rowohlt
Verlag und dessen 1925 gegründeter Wochenzeitung «Die Literarische
Welt», die für sein künftiges publizistisches Wirken von großer Wichtigkeit sein sollten, auf Grund der Hofmannsthalschen Empfehlungsschrei-
ben zustande kamen.[118]

Geschichtspessimismus und antiklassische Ästhetik (1923–1925)

Unmittelbar nach Abschluß des *Wahlverwandtschaftenessays* wandte sich Benjamin erneut der Suche nach einem Thema für seine Habilitationsschrift zu. Während er zunächst eine Arbeit auf dem Gebiet der Sprachphilosophie geplant hatte, zog er im Oktober 1922 erstmals eine *Habilitation für neuere Germanistik* in Erwägung.[119] Dieser Themenwechsel sollte die Suche nach einer Philosophischen Fakultät erleichtern, die bereit war, seine Arbeit zu akzeptieren. Zunächst sondierte Benjamin in Heidelberg, stellte jedoch bei seinem dortigen Aufenthalt im Dezember 1922 fest, daß seine Aussichten auf eine erfolgreiche Durchführung des Verfahrens unter anderem wegen antisemitischer Ressentiments gering waren. Zu Beginn des Jahres 1923 hielt er sich in Frankfurt auf, wo der Soziologe Gottfried Salomon ihn mit dem Germanisten Franz Schultz in Verbindung brachte. Nachdem Salomon diesem Benjamins Dissertation und die *Wahlverwandtschaftenarbeit* überreicht hatte und er selbst im März 1923 ein zweites Mal nach Frankfurt gereist war, hatten sich seine Pläne so weit konkretisiert, daß er im Sommersemester 1923 seinen ständigen Aufenthaltsort in Frankfurt nahm.[120]

Benjamin suchte die venia legendi nicht, weil er eine Universitätskarriere einschlagen wollte, sondern als Bestätigung seines sozialen Status als Privatgelehrter. Außerdem sah er seinen Eltern gegenüber in ihr einen *Ausweis öffentlicher Anerkennung, der sie zur Ordnung ruft*[121]. Offensichtlich war er der Meinung, daß sie nach einer Habilitation moralisch verpflichtet seien, ihn finanziell stärker zu unterstützen. Bis dahin hoffte der leidenschaftliche Büchersammler sich und seine Familie durch den Handel mit antiquarischen Büchern ernähren zu können. Den in seinen Briefen an die Freunde ständig wiederkehrenden Klagen nach zu urteilen blieb seine ökonomische Situation in den Jahren 1923 und 1924 außerordentlich prekär. So schrieb er, daß er sich vor den *Widrigkeiten des äußern Lebens, die manchmal wie Wölfe von allen Seiten kommen,* nur durch *Flucht* retten könne[122], wobei er an eine Auswanderung nach Italien oder Amerika dachte, eine Entscheidung, die er von den Arbeitsmöglichkeiten Doras abhängig machen wollte, da die *wirtschaftliche Existenz* der ganzen Familie auf ihrer Arbeit als Fremdsprachensekretärin beruhte.[123]

Seine verzweifelte materielle Lage vermochte den bis dahin von finanziellen Sorgen weitgehend unbehelligten Sohn aus großbürgerlicher Familie jedoch nicht dazu zu bewegen, das aufzugeben, was er *die Privatheit meiner Existenz, die mir unveräußerlich ist,* nannte.[124] Trotz aller äußeren Bedrängnisse bewahrte er sich die Distanz, die ihm eine kritische Betrachtung der gesellschaftlichen Zustände Deutschlands in der Nachkriegszeit erlaubte und ihn zu der Einsicht brachte, daß seine Probleme nicht individueller Natur seien, sondern charakteristisch für eine ganze soziale Gruppe: *Wer in Deutschland ernsthaft geistig arbeitet, ist vom Hunger in der ernsthaftesten Weise bedroht.*[125] Auf seinen Fahrten nach Heidelberg und Frankfurt drängten sich ihm in dem durch Ruhrbesetzung und Inflation desorganisierten Land Bilder auf, die ihm eine erste aktuelle Bestandsaufnahme und Auseinandersetzung mit den gesellschaftlichen Mißständen der Zeit abnötigten. In seinen *Gedanken zu einer Analysis des Zustands von Mitteleuropa,* die er in den ersten Monaten des Jahres 1923 niederschrieb und die er im September des gleichen Jahres seinem Freund Scholem bei dessen Übersiedlung nach Palästina in Form einer Schriftrolle mitgab, deckt er noch vor aller Bekanntschaft mit dem Marxismus die Widersprüche auf, in denen er die bürgerliche Gesellschaft befangen sieht und die ihren endgültigen Untergang signalisieren. Die sozialen Auswirkungen der permanenten Krise und allgemeinen Verarmung stellen sich aus seiner Perspektive als Unterwerfung der Menschen und Dinge unter die kruden ökonomischen Notwendigkeiten und damit als Verlust der für einen unbefangen menschlichen Umgang wie für den intellektuellen Erkenntnisprozeß notwendigen Distanz dar. Von Panik erfaßt, verliere der bürgerliche Mensch seinen gesellschaftlichen Orientierungssinn. Ihn befalle *Unsicherheit, ja Perversion der lebenswichtigen Instinkte gepaart mit Ohnmacht und Verfall des Intellekts. Dieses ist die Verfassung der Gesamtheit deutscher Bürger.*[126]

An anderer Stelle seiner unsystematisch vorgehenden ersten Niederschrift kommt er zu einer Prognose der gesamtgesellschaftlichen Entwicklung, die seine anarchistische Konzeption der revolutionären Gewalt für die Gegenwart fruchtbar macht: *Die hilflose Fixierung an die Sicherheits- und Besitzvorstellungen der vergangnen Jahrzehnte verhindert den Durchschnittsmenschen die höchst bemerkenswerten Stabilitäten ganz neuer Art, welche der gegenwärtigen Situation zu grunde liegen, zu apperzipieren. Da die relative Stabilisierung der Vorkriegsjahre sie begünstigte, glauben sie jeden Zustand, der sie depossediert, eo ipso für unstabil ansehen zu müssen. Aber stabile Verhältnisse brauchen nie und nimmer angenehme Verhältnisse zu sein und schon vor dem Kriege gab es Schichten, für welche die stabilisierten Verhältnisse das stabilisierte Elend waren. Sofern in derart Unterdrückten sich eine echte Befreiungsvorstellung bildet, mag diese aus eigener Machtvollkommenheit die Dauer solcher Stabilisierung in einer Revolutionsidee befristen ... Nur eine Rechnung, die im Untergange die einzige ratio des gegenwärtigen Zustandes zu finden sich eingesteht, käme ... dazu, die Erscheinungen des Verfalls als das schlechthin Stabile und einzig das Rettende als ein fast ans Wunderbare und Unbegreifliche grenzendes Außerordentliches zu gewärtigen.*[127] In solchen Sätzen artikuliert sich das Erwachen des depossedierten Intellektuellen zum sozialen Bewußtsein. Von der eigenen Klasse verstoßen, erkennt er seine Interessenidentität mit den gesellschaftlich Benachteiligten und findet zu der Radikalität, mit der er künftighin die historische Krisensituation als Vorzeichen einer revolutionären Unterbrechung des schlechten Immergleichen denken wird, das für ihn die Geschichte ist.

Die von ihm als Katastrophe erfahrenen aktuellen Zeitereignisse lassen ihn sogar Anweisungen zur politischen Praxis ins Auge fassen. So reagiert er in einem Brief an seinen Frankfurter Gönner Gottfried Salomon zu Beginn des Jahres 1923 auf die Rheinlandbesetzung durch französische und belgische Truppen mit der Mahnung: *Hoffentlich hat die Gefahr, die jetzt über Deutschland hereinbricht, zur Folge, daß Sie in etwas aus Ihrer politischen Reserve heraustreten und sich dem Plane einer Organisation der Intellektuellen zuwenden, der mir, als Sie ihn bei meinem letzten Besuche entwickelten, so großen Eindruck machte.*[128] Was er hier von dem Soziologen fordert und was einige Jahre später den eigentlichen Inhalt seiner Tätigkeit als Kritiker ausmachen sollte, hatte er selbst in der Diskussion und Zusammenarbeit mit Florens Christian Rang und dessen Kreis als Realität erfahren. Dieser ehemalige Theologe und Verwaltungsjurist, den Benjamin durch seinen Berliner Freund Erich Gutkind kennengelernt hatte, wurde zur Zeit der Niederschrift des *Trauerspielbuchs* für ihn zum wichtigsten Gesprächspartner. Sein materialistischer Messianismus, der von Nietzsches Vorstellungen eines diesseitigen Paradieses geprägt, zum orthodoxen Christentum in unversöhnlichem Gegensatz stand, mußte ihm ebenso vertraut erscheinen, wie seine in der moralischen Entscheidung des einzelnen sich gründende Auffassung von Politik.

Im Jahre 1924 faßte Rang seine philosophischen und politischen Gedanken in der umfangreichen Schrift «Deutsche Bauhütte. Ein Wort an uns Deutsche über mögliche Gerechtigkeit gegen Belgien und Frankreich und zur Philosophie der Politik» zusammen. In ihr forderte er den «Zusammenschluß weniger Menschen zu einer ‹Bauhütte›, deren nächste Aufgabe es sein sollte, der unmittelbaren Gewissensforderung Folge zu leisten und, statt hinter dem Staat sich zu verschanzen und durch ihn die eigene Passivität zu verdecken, den von Deutschen in den westlichen Nachbarländern angerichteten Schaden durch eigenes Opfer von Person zu Person nach Möglichkeit wiedergutzumachen»[129]. Benjamin hat sich, wenn auch vorsichtig nuanciert, in einer Zuschrift, die neben denen Martin Bubers, Karl Hillebrandts, Alfons Paquets und anderer in Rangs Buch abgedruckt wurde, zu dieser extrem individualistischen Vision einer neuen Politik bekannt. Seine öffentliche Zurückhaltung ist auf grundsätzliche Überlegungen zum Verhältnis von Deutschen und Juden zurückzuführen. Gegen Bubers Aufnahme in die «Bauhütte» protestierend, stellte er fest: *Hier, wenn irgendwo sind wir im Kern der gegenwärtigen Judenfrage: daß der Jude heute auch die beste deutsche Sache für die er sich öffentlich einsetzt, preisgibt, weil seine öffentliche deutsche Äußerung notwendig käuflich (im tieferen Sinn) ist, sie kann nicht das Echtheitszeugnis beibringen. Ganz anders legitim können die geheimen Beziehungen zwischen Deutschen und Juden sich behaupten.*[130] Käuflich in dem Sinne, daß das öffentliche Eintreten eines Juden für das international geächtete

Deutschland nur als Versuch gesehen werden konnte, von den Deutschen Duldung und Anerkennung als Gegenleistung zu erwirken. Benjamin hingegen glaubte dadurch am besten für das Deutsche eintreten zu können, daß er dessen *geistige Schätze* vor Verfälschung und Vergessen rettete. In diesem Sinne wollte er seine Arbeit über den *Ursprung des deutschen Trauerspiels* als politische Tat gewertet wissen: *Daß und in wie tiefer Weise ich an das erstere (das Deutsche) gebunden bin entschwindet meinem Bewußtsein niemals. Am wenigsten könnte es das über meiner gegenwärtigen Arbeit, denn nichts führt tiefer und bindet inniger als eine «Rettung» ältern Schrifttums, wie ich sie vorhabe.* [131] Diese Sätze wenden sich an den Freund, den er nach dessen Tod als den *eigentlichen Leser* des *Trauerspielbuchs* bezeichnet hat. [132] In der Zusammenarbeit mit ihm glaubte er erneut jene *geheime* deutsch-jüdische Verbundenheit realisiert zu haben, die zuvor schon das Wesen seiner Beziehung zu Fritz Heinle bestimmt hatte.

Nachdem Benjamin das Sommersemester 1923 in Frankfurt zugebracht hatte, wo er zusammen mit dem jungen Wiesengrund-Adorno am Seminar Salomons über Troeltschs «Historismusbuch» teilnahm und vergeblich versuchte, Schultz für eine Habilitation auf Grund seiner vorliegenden Schriften zu gewinnen, kehrte er im August nach Berlin zurück und entschloß sich, wie er an Schultz schrieb, die *von Ihnen besonders angeregte Arbeit über die Form des Trauerspiels, insbesondere im Drama der zweiten schlesischen Schule* in Angriff zu nehmen. [133] Den Winter über arbeitete er in der Berliner Staatsbibliothek, um sich mit dem ihm bis dahin völlig unbekannten Gegenstand seiner Habilitationsschrift vertraut zu machen. Das Quellenstudium brachte ihm bis zum März 1924 eine Materialsammlung von *ca. 600 Zitaten* ein, *allerdings in bester Ordnung und Übersichtlichkeit. Was sich in monatelanger Lektüre und immer neuem Spintisieren aufgehäuft hat, liegt nun nicht sowohl als eine Masse von Bausteinen bereit, denn als Reisighaufen, an den ich den Funken der ersten Eingebung gewissermaßen umständlich von ganz woanders her heranzutragen habe.* [134]

Um die schwierige Arbeit der Niederschrift zu fördern, verwirklichte Benjamin seinen schon lange gehegten Plan einer *Flucht* ins Ausland. Anfang Mai traf er in Capri ein und machte sich alsbald ans Werk. Die äußeren Bedingungen schienen ideal. Über sein neues Quartier schrieb er Anfang Juli enthusiastisch, es sei ausgestattet *mit allem mönchischen Raffinement der Raumproportionen und einem Blick tief in den schönsten Garten von Capri, der mir zur Verfügung steht. Ein Zimmer, in welchem sich zu Bett zu legen unnatürlich scheint und für das die arbeitsame Nacht selbstverständlich ist.* [135] Mitte September 1924 konnte er Scholem berichten, daß er *die Erkenntnistheoretische Einleitung der Arbeit, das erste Kapitel: der König im Trauerspiel, nahezu auch das zweite: Trauerspiel und Tragödie* vollendet habe, *so daß zu schreiben bleibt, noch das dritte: Theorie der Allegorie und ein Schluß.* [136] In diesem Stadium der Arbeit plante Benjamin demnach eine Anordnung des Materials in einem klassischen dialektischen Dreischritt, wobei die Allegorie als Synthese und damit als

Capri

Erfüllung des in der Analyse des Trauerspiels Intendierten erschienen wäre.

Auch aus Capri hatte Benjamin von «Gefahren» zu berichten, die den Fortgang seiner Arbeit bedrohten. Zu Beginn des Sommers machte er die Bekanntschaft von Asja Lacis, *einer russischen Revolutionärin aus Riga, einer der hervorragendsten Frauen, die ich kennen gelernt habe*[137]. Mit biblischen Anspielungen, von denen er annehmen konnte, daß sie bei seinem Jerusalemer Freund auf geneigte Ohren stoßen würden, eröffnete er Scholem die Tatsache seiner neuen Liebesbeziehung: *Ein anderes sind die Weingärten, die auch zu den Wundererscheinungen dieser Nächte gehören. Du wirst das gewiß kennen gelernt haben, wenn Frucht und Blatt in der Schwärze der Nacht untertauchen und man vorsichtig – um nicht gehört und verjagt zu werden – nach den großen Trauben tastet. Aber es liegt noch viel mehr darin, worüber vielleicht die Kommentare des hohen Liedes Aufschluß geben.*[138] Die solchermaßen angedeutete und als *vitale Befreiung* empfundene Liebe zu der lettischen Kommunistin hatte nicht nur private Bedeutung für Benjamin. In den Diskussionen mit ihr, in denen er ihr sein Interesse an dem abseitigen historischen Gegenstand seiner Arbeit verständlich zu machen suchte, gewann er zugleich eine *intensive Einsicht in die Aktualität eines radikalen Kommunismus*[139].

Theoretisch wurde diese Anregung durch die gleichzeitige Lektüre von Lukács' ein Jahr zuvor erschienenem Werk «Geschichte und Klassenbewußtsein» vertieft. In ihm fand Benjamin seine Analyse des Verfalls der deutschen Gesellschaft bestätigt und zu einem geschichtsphilosophisch und erkenntnistheoretisch kohärenten System erhoben. Indem Lukács die in der marktwirtschaftlich organisierten Gesellschaft Europas auftretenden ökonomischen und sozialen Verwerfungen auf die «Antinomien des bürgerlichen Denkens» zurückführte, machte er die Krise der geistigen Tradition, die Benjamin in seinen eigenen Arbeiten als Zwang zum Esoterismus erfahren hatte, zum Indikator der allgemeinen Auflösung der bürgerlichen Welt. Andererseits wies er aber auch den Weg, wie eben diese Tradition, die an ihren eigenen unerkannten Widersprüchen zu scheitern drohte, aufzuheben und so zu retten sei, indem man sie zum Instrument des gesellschaftlichen Fortschritts machte. Dieses radikale

*Asja Lacis,
1915*

Zusammendenken der philosophischen und gesellschaftlichen Aporien der Zeit war wie kein anderes geeignet, Benjamin in seinen eigenen politischen Ansichten zu bestärken.

Im Oktober kehrte Benjamin über Neapel, Rom und Florenz nach Berlin zurück, wobei ihm die Eindrücke von der Bedrohlichkeit des Faschismus, die er anläßlich eines Besuchs des Duce in Capri gesammelt hatte, erneut bestätigt wurden. In Berlin eingetroffen, widmete er sich ganz der Fertigstellung der Habilitationsschrift. Ende Dezember konnte er Scholem vom Abschluß der *Rohschrift,* nunmehr in nur zwei Hauptteilen, berichten. Nachdem er schließlich im Frühjahr 1925 in Frankfurt eine letzte Überarbeitung und eine Neufassung der Vorrede vorgenommen und die Herstellung der Reinschrift überwacht hatte, reichte er sie Anfang Mai bei der Philosophischen Fakultät ein und setzte damit das offizielle Habilitationsverfahren in Gang.

Die Entstehungsgeschichte des *Trauerspielbuchs* macht deutlich, daß es ein Schwellenwerk ist. Einerseits sind seine Intentionen noch wesentlich konservativ, indem es sich kommentierend einer historischen Form der deutschen Literatur zuwendet. Andererseits trägt es jedoch mit seiner Zerstörung der symbolischen Ästhetik ebenso wie mit seiner radikalen Wissenschaftskritik und seinem pessimistischen Geschichtsbild den politischen Erfahrungen Rechnung, die sein Autor zur Zeit seiner Ausarbeitung machte: Abschluß des *germanistischen* Produktionskreises demnach, wie Benjamin in einem Brief an Scholem feststellt, aber auch Entwurf einer nachsymbolischen Ästhetik, die sich mit den tiefsten geschichtlichen Triebkräften der Zeit in Übereinstimmung weiß.[140]

Die *Erkenntniskritische Vorrede,* deren *maßlose Chuzpe* Benjamin selbstironisch in einem Brief herausstellt und die er dem Leser als letztes zu lesen empfiehlt, ist dennoch unentbehrlicher Ausgangspunkt für jede Beschäftigung mit dem Werk. Denn sie enthält zunächst und vor allem eine Darstellung der Methode, nach der der Autor im materialen Teil seiner Analyse verfahren wird. Wie er selbst feststellt, ist sie *so eine Art zweites, ich weiß nicht, ob besseres, Stadium der frühen Spracharbeit ... als Ideenlehre frisiert*[141]. Der reduzierten Auffassung von Sprache, wonach die Wörter in ihrem semantischen Gehalt auf die empirischen Gegenstände verweisen und nur insofern zu höherer Erkenntnis hinführen, als sie ihnen auf induktivem Wege Begriffe gewonnen werden können, stellt Benjamin seine eigene Sprachtheorie entgegen, die sich auch hier neukantianischer Begrifflichkeit bedient, nicht ohne sie mit neuen metaphysischen Gehalten aufzuladen. Ihr zufolge kann das Wort zum Namen der Dinge werden und als solcher in sich deren Idee, ihr geistiges Wesen, aufnehmen. Der metaphysische Anspruch, mit dem diese Erkenntnistheorie sich von dem Wahrheitsbegriff der positivistischen Wissenschaft absetzt, enthält in sich eine Reflexion über den eigenen geschichtsphilosophischen Standort. Nachdem die großen idealistischen Systeme der Philosophie obsolet geworden sind, versucht Benjamin den ihnen zugrunde liegenden Subjekt–Objekt-Gegensatz dadurch zu lösen, daß er ein Drittes, die Sprache, zum eigentlichen Medium der Wahrheit macht.

Walter Benjamin.
Berlin, 1926

An dem zentralen Gegenstand des *Trauerspielbuchs* exemplifiziert: Nach der herkömmlichen Sprachauffassung, die zugleich die traditionelle Methode der historischen Wissenschaften bestimmt, kann der Forscher aus der Vielzahl der geschichtlichen Beispiele barocker Trauerspiele induktiv so etwas wie den Begriff des Trauerspiels abstrahieren. Ihm geht es also um einen historischen Gattungsbegriff. Benjamin hingegen geht es um die aus der Sprache zu gewinnende Erfahrung dessen, was das Trauerspiel ist, um seinen *Ursprung.* Dieses im Titel der Abhandlung gebrauchte Wort bezeichnet für ihn nicht die geschichtliche Herkunft der Gattung, sondern das Moment, in dem sie der Geschichte «entspringt», das heißt sich ihr entzieht und damit zur Idee wird.

Trotz ihres platonischen Vokabulars ist Benjamins erkenntniskritische Methode keineswegs ahistorisch. Sie ist vielmehr extrem historisch in dem Sinne, daß sie versucht, die Phänomene als Grenzfälle in sich aufzunehmen. Aus den verfallenen, verrufenen «Exzessen» der Geschichte setzt sie sich vor, eine Konstellation zu konstruieren, die das Bild der Wahrheit stellt, ohne es zu beschreiben. Dieser Rückgriff auf das Extrem,

57

auf den Abfall des historischen Prozesses bewahrt Benjamins Untersuchung davor, Geschichte des gesunden Menschenverstandes und damit unkritische Geschichte im Sinne der Herrschenden zu sein. Sie will das Ganze umfassen, wie der methodische Kernsatz der *Erkenntniskritischen Vorrede* zu verstehen gibt: *Die philosophische Geschichte als die Wissenschaft vom Ursprung ist die Form, die da aus den entlegenen Extremen, den scheinbaren Exzessen der Entwicklung die Konfiguration der Idee als der durch die Möglichkeit eines sinnvollen Nebeneinanders solcher Gegensätze gekennzeichneten Totalität heraustreten läßt.*[142] Die in diesem Satz als Ziel der Erkenntnis geforderte Totalität ist nicht mehr die harmonische des symbolischen Weltbildes, sondern die aus disparatesten Materialien montierte, Brüche nicht verheimlichende Ganzheit, in die die Welt in ihrer Widersprüchlichkeit eingehen kann.

Die in der *Erkenntniskritischen Vorrede* entworfene Methode wird in den materialen Analysen des ersten Hauptteils des *Trauerspielbuchs* auf das genaueste befolgt. Indem er den Helden, den Ort und die Zeit des Trauerspiels analysiert, sucht Benjamin an seinem Gegenstand dessen extremste Ausprägungen auf. Danach tritt der König als Held der barocken Dramen in zwei einander entgegengesetzten Formen auf: als Tyrann oder als Märtyrer. Entsprechend stellt sich der Hof als Ort des Geschehens in zweifacher Ausprägung dar: als Schauplatz der Intrige oder als Schauplatz weltmännischer Geselligkeit. Schließlich ist auch die Zeit in doppelter Weise ausgeformt: als Katastrophe oder als idyllisches Paradies, als Akme. In all diesen ihren extremen Ausprägungen erweist sich die Welt des Trauerspiels als radikal diesseitig. Aussicht auf Befreiung wird in ihr nicht geboten. Das Trauerspiel, resümiert Benjamin, ist ein *Spiel vor Traurigen,* denen auf der Bühne der katastrophale Verlauf ihrer eigenen Geschichte und der der Weltgeschichte vor Augen geführt wird.[143]

Im Trauerspiel wird anders als in der Tragödie, deren Held durch seinen Tod wortlos das Schicksal überwindet, ihm stumm entläuft, wie Benjamin, Rangs höchst subjektive Tragödientheorie aufnehmend, formuliert, eine Durchbrechung des Mythos nicht geleistet. Wird doch in ihm das Leben stets von seiner existentiellen Extremsituation aus, das heißt vom Tode her, betrachtet. Das unausweichliche Ende läßt so den ganzen natürlichen Zusammenhang des Lebens von vornherein als schuldbeladen und dem Tode verfallen erscheinen. Diese auf das Einzelschicksal zutreffende Diagnose überträgt das Trauerspiel auf die Geschichte insgesamt, indem es *die elementare Naturgewalt im historischen Geschehen* zum Vorschein bringt.[144] In der ausschließlichen Betonung dieses Aspekts läßt Benjamin sein aktuelles geschichtsphilosophisches Interesse hervortreten. Geschichte, wie sie sich im barocken Trauerspiel als handlungsbestimmend erweist, wird von ihm als katastrophale Trümmerstätte ohne metaphysischen Sinn entlarvt.

Benjamins «philosophische Geschichte» des barocken Trauerspiels zeichnet demnach ein Bild der metaphysischen Situation der Epoche, um deren literarische Ausdrucksform als ihr angemessen einsichtig zu machen. Begriff wie Methode dieses Verfahrens übernimmt er aus Carl

Schmitts 1922 erschienenem Werk «Politische Theologie. Vier Kapitel zur Lehre der Souveränität», auf das er sich mehrfach zitierend bezieht. Der erste Satz dieses Buches: *Souverän ist, wer über den Ausnahmezustand entscheidet* enthält schon dessen politisches Programm, die Begründung der staatlichen Macht in der unbeschränkten Entscheidungsbefugnis und Willkür eines einzelnen.[145] Diese Theorie absoluter Staatsgewalt ist als bewußter Gegensatz zur Lehre von der Volkssouveränität konzipiert, auf die sich die Verfassung der Weimarer Republik stützt. Sie wird in Benjamins Analyse des barocken Souveräns, wie er selbst in einem Widmungsbrief an Schmitt vom Dezember 1930 bekennt, inhaltlich ohne Abstriche aufgenommen.[146]

Wichtiger noch ist die Tatsache, daß sich sein Denken auch methodisch an dem von Carl Schmitt orientiert, der in seiner «Soziologie von Begriffen» davon ausgeht, daß alle «prägnanten Begriffe der modernen Staatslehre ... säkularisierte theologische Begriffe» sind.[147] Sein Ziel ist es, den Zusammenhang zwischen den theologischen Leitbildern einer Epoche und der Form ihrer politischen Organisation zu rekonstruieren. Benjamins methodischer Grundsatz könnte in Abwandlung eines Satzes von Carl Schmitt so formuliert werden: Das metaphysische Bild, das sich ein bestimmtes Zeitalter von der Welt macht, hat dieselbe Struktur wie das, was ihr als literarische Ausdrucksform ohne weiteres einleuchtet. Die Identität des methodischen Vorgehens zwischen dem Theoretiker der Diktatur und dem von der Notwendigkeit einer Revolution überzeugten Kritiker beweist, wie sehr rechte und linke Intellektuelle in der Weimarer Republik sich einig waren in der Ablehnung der säkularisierenden und egalisierenden Tendenzen, die einer bürgerlichen Demokratie inhärent sind.

Im zweiten Teil des *Trauerspielbuchs* läßt Benjamin die Methode einer Rettung der Phänomene aus ihren Extremen fallen und rekonstruiert statt dessen die Allegorie als zentrale Ausdrucksform des barocken Dramas. Nach diesem der analytischen Betrachtungsweise des ersten Hauptteils entgegengesetzten synthetischen Verfahren ist die Art und Weise, wie der Trauerspieldichter aus isolierten und ihrem *natürlichen* Zusammenhang entrissenen Dingen ein neues Zeichen als Kompositum des Heterogensten hervorbringt, die genaue formale Entsprechung des diskontinuierlichen Geschichtsverlaufs. Auch für diese Neuentdeckung der Allegorie ist die Einsicht in den eigenen historischen Standort entscheidend. Wie Benjamin in der *Erkenntniskritischen Vorrede* das Ende der idealistischen Systemphilosophie zur Grundlage seiner Überlegungen macht, so geht er im zweiten Hauptteil von der Erkenntnis aus, daß in der avanciertesten Literatur seiner Zeit, der der Avantgardebewegungen, die Natur nicht mehr als symbolisch bedeutsame gegenwärtig ist. Die Aufwertung der Allegorie als genuine Möglichkeit literarischer Gestaltung verweist somit auf das Ende der klassischen Kunstepoche, in der dem autonomen Werk eine unbeschränkte Vorrangstellung zukam. Als antiklassische Ästhetik ist das *Trauerspielbuch* denn auch zuallererst verstanden worden. So von Georg Lukács, der in seinem programmatischen Essay «Wider den mißverstandenen Realismus» von 1956 Benjamin als den Protagonisten modernistischer Literatur, wie sie im Werke Kafkas sich manifestiere, der eigenen, auf Thomas Manns Werk sich berufenden Theorie gegenüberstellt. [148]

Man wird dieser Konstruktion eine gewisse historische Berechtigung nicht absprechen können. Sie übersieht allerdings, daß Benjamins Kritik sich auch gegen das allegorische Verfahren selbst richtet. Dieser Irrtum ist um so verständlicher, als Benjamin selbst im zweiten Teil seines Buches sich ostentativ der allegorischen Methode bedient. In seinen Briefen hat er mehrfach darauf hingewiesen, daß der erste Entwurf des *Trauerspielbuchs fast ganz aus Zitaten* bestand. *Die tollste Mosaiktechnik, die man sich denken kann, als welche für Arbeiten dieser Art so befremdlich erscheinen dürfte, daß ich in der Reinschrift wohl hie und da retouchieren werde.* [149] In der Tat ist es ein «befremdlicher» Gebrauch der Zitate, sie nach Maßgabe von allegorischen Bildern zu konstruieren. Benjamin reißt einzelne Sätze oder Satzbruchstücke aus ihrem ursprünglichen Kontext heraus, häuft sie zu Reihen, so daß sie wie die bedeutenden Bilder der Allegorie zu einem Hof sich gruppieren, und fügt ihnen den eigenen Gedanken bei, ohne diese Elemente zu einem Kontinuum zu verbinden. Sie funktionieren vielmehr nach Art eines barocken Emblems. Die Zitate stehen an der Stelle des Bildes, sind also die pictura, der die Bedeutung in einer Sentenz als subscriptio hinzugefügt wird.

Diese Methode ist nach Benjamins Verständnis weit davon entfernt, «unwissenschaftlich» zu sein. Für ihn ist vielmehr der Allegoriker der Wissende par excellence. *Die Intention der Allegorie ist so sehr der auf Wahrheit widerstreitend, daß deutlicher in ihr als irgend sonst die Einheit einer puren, auf das bloße Wissen abgezweckten Neugier mit der hochmütigen Absonderung des Menschen zutage tritt.* [150] Das allegorische Verfahren erweist sich somit als eines, in dem die Methode der historischen Wissenschaften, den diskontinuierlichen Strukturen der Welt subjektive Bedeutungszusammenhänge aufzupressen, bis zur Kenntlichkeit verwandelt erscheint. Wie jenes verfällt daher auch die Wissenschaft bei Benjamin dem Verdikt, an der Wahrheit nicht teilzuhaben: *Das Wissen vom Bösen – als Wissen ist es primär. Es erfolgt aus der Kontemplation ... Es ist «Geschwätz» in dem tiefen Sinne, in welchem Kierkegaard dies Wort gefaßt hat. Als der Triumph der Subjektivität und Anbruch einer Willkürherrschaft über Dinge ist Ursprung aller allegorischen Betrachtung jenes Wissen.* [151]

In Benjamins negativer Theologie sind Wissen und Allegorie, Wissenschaft und Kunst als Produkte eines *schlechthin subjektiven Tiefsinns* dem Teufel verfallen. Weil aber in ihnen Subjektivität ihre extreme Ausprägung erfährt, stehen sie auch der Rettung am nächsten: *In Gottes Welt erwacht der Allegoriker. «Ja / wenn der Höchste wird vom Kirch-Hof ernd-ten ein / So werd ich Todten-Kopff ein Englisch Antlitz seyn.»* [152] Mit diesen Sätzen transzendiert das *Trauerspielbuch* an seinem Ende offen ins Metaphysische. Seine Schlußwendung, durch die die *eingestandne Subjektivität zum förmlichen Garanten des Wunders* gemacht wird [153], führt auf erkenntnistheoretischer Ebene die Wissenschaftskritik des zweiten Teiles zur «Vorrede» zurück, wodurch die dialektische Konstruktion des Ganzen ihre Auflösung erfährt. Das einleitend skizzierte Programm einer Rettung der Phänomene aus den Extremen in die Konstellation der Idee bezeichnet vorgreifend die Aufhebung der dem Tode verfallenen Welt im Unvergänglichen, für die am Ende in der Theologie des Bösen die Chiffre des Gottesgerichts am letzten Tage einsteht.

Genauer als in theologischen Kategorien ist die Erkenntnisbewegung des Buches nicht zu fassen. Indem er sich zum Allegoriker macht, nimmt der Kritiker die Sünde des Wissens auf sich, geht durch sie hindurch, um so die Rettung der Phänomene ins Werk zu setzen. Nur seine totale Identifikation mit diesem Verworfensten aller Wissenden kann den Umschlag garantieren, der Kunst und Wissenschaft, die in der Moderne dem Teufel anheimgefallen sind, wieder zur Wahrheit zurückführt, deren Bild in der Vorrede vorwegnehmend entworfen wird. Nur wenn man in dieser Weise die beiden Hauptteile des *Trauerspielbuchs* als These und Antithese begreift, denen in der vorgängigen Erkenntniskritik ihr Ziel schon angewiesen ist, läßt sich die formale Einheit des Werkes erkennen. Inhaltlich findet eine Vermittlung nicht statt. Das deutet das offene Ende des Buchs ebenso an wie die Gegenüberstellung der Allegorie mit der Wahrheit, die als *göttlicher Name,* aber auch unter dem seiner historischen Bedingtheit entkleideten Begriff des Symbols gedacht wird: *Während im Symbol mit der Verklärung des Unterganges das transfigurierte Antlitz der Natur im Lichte der Erlösung flüchtig sich offenbart, liegt in der Allegorie die facies hippocratica der Geschichte als erstarrte Urlandschaft dem Betrachter vor Augen.*[154] Dieser Satz aus dem Beginn des zweiten Hauptteils bezeichnet nicht zuletzt auch den Gegensatz zwischen dem *sündhaften* historischen Verfahren des Kritikers und dem philosophischen des Traktatschreibers, der einleitend in seiner Ideenlehre eine symbolische Welt der Wahrheit entwirft.

Der metaphysische Dualismus, der als Gegensatz von Traktat und kritischer Analyse dem Werk eingesenkt ist, kann nur durch den Sprung in die Wahrheit überwunden werden. In ihm findet der Zwiespalt seine objektive Gestalt, mit dem Benjamin der eigenen sozialen Rolle gegenübersteht. Einerseits kritisiert er den Intellektuellen, dessen melancholisches Ingenium sein eigenes ist, weil er sich in dem bodenlosen Tiefsinn, der unendlichen Reihe bedeutender, aber absolut subjektiver Bilder verliert. Andererseits sieht er in ihm auch den Wahrheitsfinder, der im «Namengeben» *den symbolischen Charakter des Wortes* freilegt und sich damit Adam, dem *Vater der Menschen als Vater der Philosophie,* an die Seite stellt.[155] In dieser biblischen Metapher findet die utopische Hoffnung ihren Ausdruck, die Benjamin mit der eigenen sozialen Rolle verknüpft. Als Philosoph ist er der *neue Adam.* Beide Bestimmungen, die des Sünders und die des Heilsbringers, fallen zusammen in der des Sündenbocks, des Kritikers, der den Sündenfall der Allegorie auf sich nimmt, um die Welt in die Wahrheit heimzuholen.

Im September 1925 zog Benjamin sein Habilitationsgesuch auf Anraten seiner Freunde zurück, um sich eine förmliche Ablehnung zu erspa-ren. Schultz hatte sich schließlich nach langem Zögern geweigert, ihn im Fach «Literaturgeschichte» zu habilitieren und ihn an Hans Cornelius verwiesen, der in Frankfurt das Fach «Allgemeine Kunstwissenschaft» vertrat. Dieser hatte im Juli 1925 nach Konsultation seines damaligen Assistenten Max Horkheimer ein negatives Gutachten vorgelegt. Doch schon vorher war für Benjamin, wie er an Scholem schrieb, *mit der Weige-rung meiner Eltern im Falle einer Habilitierung mich aufzubessern, der Wendung zum politischen Denken, dem Tode von Rang ... eine Vorausset-zung nach der andern für diese Unternehmung dahingefallen*[156]. Die Skep-sis, mit der Benjamin von Anfang an der Frankfurter Unternehmung ge-genübergestanden hatte, war vor allem in dem Wissen begründet, wie wenig geeignet und willens er unter den gegebenen Umständen war, die Tätigkeit eines Universitätslehrers auszuüben. Die Gründe für diese Ab-wehrhaltung liegen nicht bei der Universität allein, deren schnödes Ver-halten und trostlose geistige Verfassung Benjamin zurecht beklagt. Ihm selbst war seine Einsamkeit als Intellektueller, die allein ihm ein unabhän-giges kritisches Urteil zu gewährleisten schien, wichtiger als die institutio-nelle Einbindung und Absicherung. Diese Haltung hatte sich durch seine politischen Erfahrungen der beiden letzten Jahre noch radikalisiert, so daß er, noch bevor das Frankfurter Verfahren ganz abgeschlossen war, sich publizistischen Plänen zuwandte: *Für mich hängt alles davon ab, wie sich die verlegerischen Beziehungen gestalten. Wenn mir da nichts glückt, so werde ich meine Beschäftigung mit marxistischer Politik wahrscheinlich beschleunigen und – mit der Aussicht in absehbarer Zeit mindestens vor-übergehend nach Moskau zu kommen – in die Partei eintreten. Diesen Schritt werde ich über kurz oder lang wohl auf alle Fälle tun. Der Horizont meiner Arbeit ist nicht mehr der alte und ich kann ihn nicht künstlich veren-gen.*[157]

Den hier angedeuteten Schritt, in die Kommunistische Partei einzu-treten, hat Benjamin nicht vollzogen. Er wäre in seinen Augen der grundsätzlichen Entscheidung für existentielle und geistige Unabhängig-keit ebenso zuwidergelaufen wie das Professorenamt. Seine publizisti-schen Pläne hingegen nahmen schon bald konkrete Gestalt an. Bevor er im August 1925 von Hamburg aus zu einer bis in den Oktober dauern-den Fahrt mit einem Frachtdampfer nach Spanien, Portugal und Süditа-lien aufbrach, unterzeichnete er mit dem Rowohlt Verlag in Berlin, zu dem er durch dessen Lektor Franz Hessel in Verbindung getreten war, einen Vertrag, wonach dieser ihm *für das nächste Jahr ein Fixum* garan-tierte und das *Trauerspielbuch,* den *Wahlverwandtschaftenessay* und ein geplantes Aphorismenbuch herauszubringen versprach.[158] Außerdem vereinbarte er mit dem Verlag Die Schmiede, zusammen mit Hessel Prousts *dreibändiges Werk «Sodome et Gomorrhe»* zu übertragen. Damit hatte er sich nach dem endgültigen Scheitern seiner akademischen Kar-riere eine erste eigenständige berufliche Perspektive geschaffen und konnte sich so seiner, wie er selbst einmal schreibt, *fanatischen Reise-sucht* hingeben.[159]

Aus Neapel zurückgekehrt, fuhr er im November nach Riga, um Asja Lacis zu besuchen, die dort ein proletarisches Kindertheater leitete. Ihre Erinnerungen belegen, daß für die kämpferische Kommunistin die Beziehungen zu dem Intellektuellen, der sich im praktischen politischen Kampf nicht engagieren wollte, ihre Aktualität verloren hatten: «Er liebte zu überraschen, aber diesmal gefiel mir seine Überraschung nicht. Er kam von einem anderen Planeten – ich hatte keine Zeit für ihn ... Benjamin wollte natürlich eine Aufführung von mir sehen ... Ihm hat nichts gefallen, mit Ausnahme einer Szene: Ein Herr im Zylinder unterhält sich unter einer Laterne mit einem Arbeiter.»[160] Benjamins Einstellung der Geliebten gegenüber war ebenfalls kritischer geworden. Er sagt von der Lacis, daß in ihr damals *politische Begriffe, Schlagworte der Partei, Bekenntnisformeln und Befehle sich festgesetzt* hatten, daß sie *geistesabwesend* gewesen sei. In der *Einbahnstraße*, die – so die gedruckte Widmung – *Asja-Lacis-Strasse* heißt, *nach der die sie als Ingenieur im Autor durchgebrochen hat*, findet sich, wie Benjamin es liebte, in einem kleinen Detail der Beschreibung von Riga versteckt, sein Kommentar zu ihrem Zerwürfnis: *An manchen Ecken stehen hier das ganze Jahr neben Fisch-, Fleisch-, Stiefel- und Kleiderbaracken Kleinbürgerweiber mit den bunten Papierruten, die nach Westen nur um die Weihnachtszeit vordringen. Von der geliebtesten Stimme gescholten werden – so sind diese Ruten. Für wenige Santimes vielfarbige Strafbüschel.*[161] Über Benjamins Geduld in Liebessachen sagt diese kleine Impression viel.

Walter Benjamin

Urfprung
des deutfchen Trauerfpiels

1 9 2 8

Ernft Rowohlt Verlag · Berlin

Walter Benjamin. Paris, 1927

Paris – Berlin – Moskau
(1926–1929)

Das Jahr 1924 hat in Benjamins Leben und Denken Epoche gemacht. Unter dem Eindruck seiner damaligen Erfahrungen hat er sich vom esoterischen Philosophen zum politisch engagierten Publizisten, vom Sprachmystiker zum dialektischen Materialisten gewandelt. Wie sehr er selbst sich dieser Zäsur bewußt war, läßt das Resümee erkennen, das er im Dezember 1924 in einem Brief an Scholem zieht: ... *die kommunistischen Signale ... waren zuerst Anzeichen einer Wendung, die in mir den Willen erweckt hat, die aktualen und politischen Momente in meinen Gedanken nicht wie bisher altfränkisch zu maskieren, sondern zu entwickeln, und das, versuchsweise, extrem. Natürlich besagt das, die literarische Exegese der deutschen Dichtungen, in der es im besten Falle, wesentlich zu konservieren und das Echte gegen die expressionistischen Verfälschungen zu restaurieren gilt, tritt zurück. Solange ich nicht in der mir gemäßen Haltung des Kommentators an Texte von ganz anderer Bedeutung und Totalität gelange, werde ich eine «Politik» aus mir herausspinnen. Und freilich hat sich dabei meine Überraschung über die Berührung mit einer extremen bolschewistischen Theorie an verschiedenen Stellen erneuert.*[162]

Bruchstücke der intendierten *Politik*, die Benjamin zu Recht in Anführungszeichen setzt, liegen in den Kurztexten vor, die er seit 1925 in den Feuilletons der großen Tageszeitungen publizierte und 1928 gesammelt unter dem Titel *Einbahnstraße* bei Rowohlt erscheinen ließ. Dieses Buch, das einzige nichtwissenschaftliche, das Benjamin zu seinen Lebzeiten publizieren konnte, ist durch seine Druckanordnung und äußere Gestaltung – dem Umschlagentwurf liegt eine Fotomontage von Sascha Stone zugrunde – ebenso wie durch seine fragmentarische Schreibweise als eines der bedeutendsten Werke der avantgardistischen deutschsprachigen Literatur der zwanziger Jahre ausgewiesen. Trotzdem hat es in der Forschung bislang so gut wie keine Beachtung gefunden, ein Versäumnis, dessen Gründe weniger in der Kühnheit zu suchen sind, mit der hier mit alten Formtraditionen gebrochen wird, als vielmehr in der Radikalität seiner Aussage.

Nicht «Philosophie in Revueform», wie Ernst Bloch meinte, ist die Essenz dieses Werkes, sondern Politik in allegorischen Bildern.[163] Benjamin hat in ihnen kaleidoskopartig die gesellschaftlichen Erfahrungen des radikalisierten Schriftstellers versammelt, der er geworden war, und damit die ästhetischen Einsichten über das Ende der Kunstperiode aus dem *Trauer-*

Umschlag zu Benjamins erster Buchveröffentlichung.
Fotomontage von Sascha Stone

spielbuch in die literarische Praxis umgesetzt. Von der Beschreibung des Verfalls aller Verkehrsformen der bürgerlichen Gesellschaft, die in den Paroxysmen der Inflation sich manifestieren, über die Kritik der Geldwirtschaft und die ironische Darstellung der Erfahrung der Matrosen, denen der ganze bewohnte Erdkreis als ein vom Warenverkehr beherrschter erscheint, bis hin zur Definition des *wahren Politikers* finden sich immer wieder Einsprengsel direkter politischer Kritik in diesem als *Einbahn-straße* konstruierten Panorama der zwanziger Jahre. Die Fluchtlinien der Straße konvergieren perspektivisch in dem *Planetarium* überschriebenen Schlußtext, in dem der Autor auf zwei Seiten und wahrhaft *mit der linken Hand,* wie er es für jeden Text fordert, der in der Moderne wirken will, eine groß angelegte Theorie der Geschichte und des revolutionären Subjekts entwickelt. Nach dem Muster der idealistischen Geschichtskonstruktionen wird darin die Neuzeit als Epoche des Niedergangs einer idealisierten Antike gegenübergestellt. Und wie Friedrich Schlegel die Französische Revolution, so interpretiert Walter Benjamin den Ersten Weltkrieg als die Krise, in der sich das eigentliche Ziel der Geschichte unter negativen, destruktiven Vorzeichen schon andeutet. *In den Vernichtungsnächten des letzten Krieges erschütterte den Gliederbau der Menschheit ein Gefühl, das dem Glück der Epileptiker gleichsah. Und die Revolten, die ihm folgten, waren der erste Versuch, den neuen Leib in ihre Gewalt zu bringen. Die Macht des Proletariats ist der Gradmesser seiner Gesundung. Ergreift ihn dessen Disziplin nicht bis ins Mark, so wird kein pazifistisches Raisonnement ihn retten.*[164] Dem dialektischen Materialismus Benjaminscher Prägung erscheint die Ausbeutung der Natur als das eigentliche Übel, dem es abzuhelfen gilt. Mittel hierzu soll die von der *Profitgier der herrschenden Klassen* befreite Technik sein. Rettung der Menschheit und Rettung der Natur sind demnach für ihn unlösbar miteinander verbunden. Dadurch daß er so die *Beherrschung vom Verhältnis von Natur und Menschheit* dem Proletariat als Ziel der Revolution vorschreibt, unterscheidet er sich von dem ausschließlich auf ökonomische und gesellschaftliche Prozesse fixierten orthodoxen Marxismus.

In dieser radikalsten politischen Äußerung Benjamins ist sein Messianismus nur noch spurenhaft in dem unvermittelten Umschwung wiederzufinden, mit dem die historische Katastrophe des Ersten Weltkriegs als Garant des kommenden Heils gedeutet wird. Untergründig bestimmt er auch die Konzeption des *wahren Politikers,* der unter dem Namen eines *Feuermelders* berufen ist, *die brennende Zündschnur durchzuschneiden,* als die die fortbestehende Herrschaft der Bourgeoisie *eine dreitausendjährige Kulturentwicklung* gefährdet.[165] Weniger politisches Handeln als Erkennen des rechten Augenblicks für den rettenden Eingriff ist von ihm gefordert, also Freilegung des ambivalenten Charakters der Krise, in der höchste Gefährdung und Möglichkeit der Rettung gleich gegenwärtig sind. Benjamins «Politik» zielt darauf ab, dieses eingreifende Wissen zu erzeugen. So wird der *Privatisierung des Liebeslebens* im bürgerlichen Dasein dessen Politisierung entgegengestellt, wie der Liebende sie durch Asja Lacis erfahren hat. Der Kritiker konstatiert mit Valéry, *daß das Buch in dieser überkommenen Gestalt seinem Ende entgegengeht,* und führt mit der Parallelisierung von Büchern und Dirnen die Gründe dieses Verfalls in deren Warencharakter vor.[166] Dem erwidert der Entwurf einer Poetik des kritischen Schreibens in Kurztexten, die sich auch im Zeitalter der Reklame im Wettbewerb um die Aufmerksamkeit des zerstreuten Lesers durchzusetzen vermögen. Am weitesten geht Benjamin in seiner

politischen Analyse, wenn er auch den Traum nicht mehr als Privatange-
legenheit, sondern als geschichtliches Phänomen zu begreifen versucht.

Im Mittelpunkt des Buches, als 30. von insgesamt 60 Texten, steht unter
dem Titel *Vergrößerungen* das Kind, das der Autor einmal gewesen ist.[167]
Seine Gestalt, in sechs Augenblicksbildern eingefangen, enthält auf individueller Ebene das Glücksversprechen, das der Historiker im Schlußtext
aus der antiken Verbundenheit mit dem Kosmos glaubt herauslesen zu
können. Dem Leser wird das Kind gezeigt, das bei der sinnlichen Freude
des Naschens schon den Vorgeschmack sexueller Erfüllung hat, das Kind,
das im Glück des Lesens und als Sammler von Abfall zum Vorbild des
materialistischen Historikers wird, und das Kind, das in seinem Protest
gegen die Schule und in seiner spielerischen Selbstbefreiung aus der ma-
gisch erfahrenen Welt der möblierten Wohnung die Revolte des Politikers
probt, und mitten drin das *karussellfahrende* Kind, dem im harmonischen
Einklang mit der Natur *das Leben ein uralter Rausch der Herrschaft* ist. So
sind alle Motive der künftigen Rettung schon in der Kindheit versammelt.

Die Korrespondenz zwischen dem Zentrum der *Einbahnstraße* und ihrem perspektivischen Schlußpunkt belegt, daß die panoramatische Vielfalt ihrer Aspekte nach den Intentionen ihres Autors sich dem Betrachter
als montierte Einheit von Extremen darbieten soll. Dieses konstruktive
Element unterscheidet sie von den gleichzeitigen Sammlungen kurzer
Prosatexte Franz Hessels oder Alfred Polgars und stellt sie als wahrhaft
zeitgenössische Äußerung der politischen Kunst von Grosz oder Heartfield an die Seite. *Es ist eine merkwürdige Organisation oder Konstruktion
aus meinen «Aphorismen» geworden, eine Straße, die einen Prospekt von
so jäher Tiefe – das Wort nicht metaphorisch zu verstehen! – erschließen
soll, wie etwa in Vicenza das berühmte Bühnenbild Palladios: Die
Straße*[168].

Die Form seines neuen Buches hat Benjamin, wie er in einem Brief an
Hofmannsthal schreibt, in Paris gefunden. Dorthin war er Mitte März
1926 in der Absicht gereist, sich *in etwas hier seßhaft zu machen*[169]. Anlaß
und ökonomische Absicherung dieses Vorhabens, das nach den Unter-
brechungen der deutsch-französischen Beziehungen durch den Ersten
Weltkrieg und die Rheinlandbesetzung durchaus ungewöhnlich war, bot
die Aussicht, zusammen mit Franz Hessel an der Übersetzung von
Prousts «Recherche» zu arbeiten. Sein Berliner Freund, der schon von
1906 bis 1914 in Paris gelebt und in den Literaten- und Künstlerzirkeln des
Montparnasse verkehrt hatte, führte ihn in die Außenstehenden gewöhnlich verschlossene Pariser Gesellschaft ein. So gewann er durch ihn und
dessen Freund Thankmar von Münchhausen Zugang zu den wenigen damals deutschfreundlich gesinnten Kreisen um den Grafen Pourtales, die
Fürstin Bassiano und Bernhard Groethuysen. Wichtiger noch als diese
gesellschaftlichen Beziehungen ist für seine künftige Arbeit die «Kunst des
Spazierengehens» in der Stadt Paris geworden, die ihm Hessel, der Flaneur
und Kenner der Geheimnisse von Paris, nahezubringen wußte. So konnte
Benjamin schon in den ersten Wochen vom Schlendern an den Quais,
vom Besuch der Jahrmärkte, von einem *wundervollen, unentdeckten*

Die Straße: Bühnenbild Palladios im Theater Olympico, Vicenza

Schwof, der hier bal musette heißt und mit nichts Berlinerischem Ähnlichkeit hat, nach Berlin berichten.[170]

Die entscheidende Anregung dieses ersten Paris-Aufenthalts verdankt Benjamin der Lektüre der neuesten französischen Literatur. Neben der *regelmäßigen, wenn auch subalternen Arbeit* des Übersetzens beschäftigten ihn vor allem *die herrlichen Schriften von Paul Valéry (Variété, Eupalı-nos) einerseits, die fragwürdigen Bücher der Surréalisten auf der andern. Vor diesen Dokumenten muß ich allmählich mich mit der Technik des Kritisierens vertraut machen.*[171] Dieser Satz, in dem Benjamin sein künftiges Arbeitsgebiet absteckt, läßt die Härte des Bruchs nur ahnen, mit dem er sich von seinen bisherigen Aspirationen trennte. Nach dem Scheitern seiner akademischen Karriere wandte er sich von der esoterischen Schreibweise ab und der Literaturkritik im Feuilleton der großen Tageszeitungen zu, um unmittelbare gesellschaftliche Wirkung ausüben zu können. Schon im Juli 1925, das Frankfurter Unternehmen war eben in sein letztes Stadium getreten, berichtete er an Scholem: *Bei einer neuen literarischen Revue, die im Herbst erscheinen soll ... habe ich Mitarbeit aller Art, insbesondere ein ständiges Referat über neue französische Kunsttheorie übernommen.*[172] Gemeint ist die im Rowohlt Verlag gegründete Wochenzei-

Ausschnitt aus der «Literarischen Welt», Nr. 52, 2. Jahrgang.
Ernst Rowohlt und Walter Benjamin. Karikatur von B. F. Dolbin, 1926

tung «Die Literarische Welt», die unter der Leitung ihres Herausgebers Willy Haas zunächst vor allem als Publikationsorgan für die Autoren des Verlags gedacht war, sich aber sehr schnell zu einem der führenden, *im literarischen Tageskampf nach links* orientierten Literaturblätter der Konsolidierungsphase der Weimarer Republik entwickelte.[173] Nach der Lösung von Rowohlt ökonomisch unabhängig, konnte das Blatt sich trotz seines eindeutigen politischen Standorts einen «Universalismus» leisten, der es zum eigentlichen Austragungsort der ideologischen Debatten zwischen linken und rechten Intellektuellen der Zeit machte.

Benjamin war schon im Planungsstadium mit diesem wichtigsten Rezensionsorgan der späten zwanziger Jahre befaßt und avancierte bald neben Ernst Robert Curtius, Walter Mehring, Franz Hessel und Axel Eggebrecht zu einem seiner *Hauptmitarbeiter.*[174] Im Medium der literarischen Kritik konnte er hier seine politischen Intentionen offen formulieren. So hat er in den Jahren von 1926 bis 1929 in der «Literarischen Welt» durchschnittlich etwa dreißig Beiträge pro Jahr publiziert, darunter die umfangreichen und wichtigen Essays zu Keller, Proust und zum Surrealismus. An mehreren Sondernummern läßt sich seine redaktionelle Mitarbeit nachweisen. Nach 1930, als durch die Steigerung der ideologischen Auseinandersetzung das Konzept des Blattes in Frage gestellt wurde, zog er sich allmählich aus der Mitarbeit zurück.

Von Anfang an sehr viel problematischer gestaltete sich sein Verhältnis zur «Frankfurter Zeitung», die *im öffentlichen Bewußtsein den linksdemokratischen deutschen Journalismus* repräsentierte und die seit 1924 unter der Leitung von Benno Reifenberg das angesehenste Feuilleton der Zeit aufgebaut hatte.[175] Durch die Vermittlung Siegfried Kracauers, eines ihrer Redakteure, den Benjamin bei einem seiner früheren Frankfurter Aufenthalte kennengelernt hatte, kam im April 1926 unter dem Titel *Kleine Illumination* ein erster Abdruck von kurzen Prosatexten zustande, die später in die *Einbahnstraße* eingegangen sind. Benjamin hat es bei diesem Blatt nie zu einem irgendwie gearteten offiziellen Mitarbeiterstatus bringen können, unter anderem deswegen, weil ein ausgeprägtes Konkurrenzverhältnis zwischen der «Frankfurter Zeitung» und der «Literarischen Welt» bestand und er selbst mit seiner Spezialisierung auf französische Literatur die Interessen Reifenbergs und anderer tangierte. So blieb er auch zu Beginn der dreißiger Jahre, als die «Frankfurter Zeitung» durchschnittlich etwa fünfzehn Beiträge pro Jahr von ihm veröffentlichte, stets auf das persönliche Wohlwollen Kracauers angewiesen.

Im privaten Lebensbereich brachte das Jahr 1926 für Benjamin eine tiefe Krise. Dazu mögen seine noch immer unsicheren Berufsperspektiven beigetragen haben, ausschlaggebend waren jedoch Probleme persönlicher Art. Schon im April schrieb er aus Paris, er habe die letzten Wochen *unter schrecklichen Depressionen verbracht.* Die Gründe hierfür lassen sich an den Andeutungen ablesen, die er im gleichen Brief der noch immer leidenschaftlich geliebten Jula Cohn gegenüber macht. Sie hatte kurz zuvor seinen Jugendfreund Fritz Radt geheiratet: *Ich denke hier viel an*

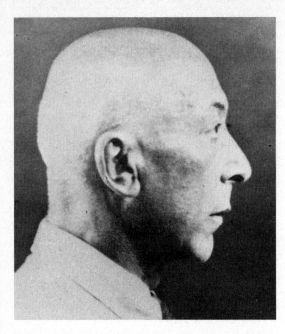

*Franz Hessel. Ende
der zwanziger Jahre*

Dich und vor allem wünsche ich Dich oft in mein Zimmer ...[176] Im Juli 1926 starb Benjamins Vater. Von den Sommermonaten, die er – teilweise zusammen mit Jula Cohn – in Agay an der französischen Côte d'Azur verbrachte, berichtete er, sie seien *ungut verlaufen: Ich habe (wie man so schön sagt) einen Nervenzusammenbruch gehabt: besser gesagt einen nach dem anderen.*[177]

In dieser prekären Situation ist seine Anfang Dezember angetretene Reise nach Moskau, um Asja Lacis zu besuchen, auch so etwas wie eine Flucht nach vorn. Noch einmal und zum letztenmal veranlaßte ihn die Sehnsucht nach der geliebten Frau, die ihm den Marxismus als lebendige politische Kraft nahegebracht hatte, zu einem Neuaufbruch. Sie hielt sich damals, begleitet von ihrem Lebensgefährten, dem Regisseur und Kritiker Bernhard Reich, in einem Moskauer Sanatorium auf, um die Folgen eines Nervenzusammenbruchs auszuheilen. Am 6. Dezember traf Benjamin in der ihm unbekannten Stadt ein, deren Sprache er nicht sprach und in der er keinerlei Verbindungen hatte, wie sie für seine Arbeit als Journalist notwendig gewesen wären. Für alle beruflichen und privaten Unternehmungen war er daher auf die Unterstützung Reichs angewiesen, was zu dauernden Spannungen und Streitigkeiten zwischen allen drei Beteiligten führte.

Benjamin war sich der außerordentlich schwierigen Lage, in die er sich damit begab, durchaus bewußt. In seinem Tagebuch, das er während sei-

Siegfried Kracauer

nes zweimonatigen Aufenthalts täglich führte, notierte er schon unterm Datum des 20. Dezember *über Asja* und ihr beiderseitiges *Verhältnis zueinander: Ich bin vor eine fast uneinnehmbare Festung geraten. Allerdings sage ich mir, daß schon mein Erscheinen vor dieser Festung, Moskau, einen ersten Erfolg bedeutet.*[178] Der Vergleich der fremden Stadt mit einer Festung, der in fließendem Übergang auch auf die sich ihm verweigernde Geliebte angewandt wird, ist bezeichnend für die geheimen Beweggründe von Benjamins hartnäckiger, beinahe verzweifelter Werbung. Er erfährt beide als etwas, das sich ihm verschließt, und versucht daher, sie wie einen hermetischen Text zum Gegenstand des Studiums zu machen. Das Scheitern dieser Bemühungen war unausbleiblich. Seine Tagebucheintragungen klagen ständig über Streit, Eifersuchtsszenen und Demütigungen. Mit schneidender Ironie warf Asja Lacis in einer Auseinandersetzung über einen ihrer Flirts ihm die Lächerlichkeit seines Verhaltens vor: «Willst Du auch beim roten General den Hausfreund spielen? Wenn er so dumm ist wie Reich, und Dich nicht herausschmeißt. Ich habe nichts dagegen.»[179] Bis zu seiner Abreise blieben seine Gefühle zutiefst ambivalent. Heimlich wußte er schon damals, daß die Trennung endgültig war. Obwohl Asja Lacis anderthalb Jahre später für längere Zeit nach Berlin kam und sogar zwei Monate bei ihm wohnte, brachte der Moskau-Aufenthalt so für ihn die entscheidende Erfahrung, daß das von ihm in der Liebe zu Jula Cohn und Asja Lacis Erstrebte im Leben unmöglich sei. In

73

Zukunft sollte nur noch die Liebe zum Text für ihn von Bedeutung sein. *Jedenfalls scheint,* notierte er, *die kommende Epoche für mich von der vorhergehenden sich darin zu unterscheiden, daß die Bestimmung durch Erotisches nachläßt.*[180]

Die eine Festung hatte sich als uneinnehmbar erwiesen, nicht jedoch die andere, die Stadt. Vom ersten Tag seines Aufenthalts an durchwanderte Benjamin ihre Straßen, besuchte unter der sachkundigen Führung Reichs Theater und Filmvorführungen und tat seiner nie ermüdenden Sammelleidenschaft durch das Aufspüren von handgefertigtem Kinderspielzeug Genüge. Trotz seiner mißlichen Situation und trotz Kälte und Sprachschwierigkeiten gelang es ihm, flanierend das Bild Moskaus in den Umbruchsjahren der Neuen Ökonomischen Politik einzufangen. In dem Essay, den er nach seiner Rückkehr für Martin Bubers Zeitschrift «Die Kreatur» verfaßte, versuchte er, in den vielfältigen Facetten der Stadt die entscheidenden Tendenzen des Zeitalters zu vergegenwärtigen, und unternahm damit etwas, was später in der *Passagenarbeit* für lange Jahre zum Hauptgegenstand seiner schriftstellerischen Bemühungen werden sollte: *Ich will,* schrieb er an Buber, *eine Darstellung der Stadt Moskau in diesem Augenblick geben, in der «alles Faktische schon Theorie» ist und die sich damit aller deduktiven Abstraktion, aller Prognostik, ja in gewissen Grenzen auch allen Urteils enthält . . .*[181] So stehen in dem Essay Beobachtungen über Bettler, Kinder oder Straßenverkäufer neben Bemerkungen zum Verkehr, zu Reklamebildern, Kirchenbauten und Theatern, das Ganze eingerahmt und durchdrungen von Analysen der allgemeinen ökonomischen Situation, der gesellschaftlichen Funktion der Intellektuellen und des Verhältnisses von Geld und Macht unter dem neuen Regime. Am Ende scheint programmatisch das Bild Lenins als Revolutionär auf, *den Blick gewiß dem Fernen zugewandt, aber die unermüdete Sorge des Herzens dem Augenblick*[182].

Benjamins Reise hatte nichts mit dem damals unter Intellektuellen üblichen Revolutionstourismus zu tun, auf dessen Spuren er im Aufenthalt Ernst Tollers und Joseph Roths in Moskau stieß. Für ihn wurde die Stadt Lenins zu einem Ort, der ihm selbst eine existentielle Entscheidung abverlangte: *Mir wird immer mehr klar,* heißt es im *Tagebuch, daß ich für die nächste Zeit ein festes Gerüst meiner Arbeit brauche. Als solches kommt natürlich Übersetzen nicht in Frage. Vorbedingung für dessen Konstruktion ist wiederum Stellungnahme. Was mich vom Eintritt in die KPD zurückhält, sind ausschließlich äußerliche Bedenken. Es wäre jetzt der richtige Zeitpunkt, den zu verpassen vielleicht gefährlich ist. Denn gerade weil möglicherweise die Zugehörigkeit zur Partei für mich nur eine Episode ist, ist es nicht geraten sie zu verschieben. Sind und bleiben die äußerlichen Bedenken, unter deren Druck ich mich frage, ob nicht eine linke Außenseiterstellung durch intensive Arbeit sachlich und ökonomisch so zu lasieren wäre, daß sie mir weiter die Möglichkeit umfassender Produktion in meinem bisherigen Arbeitskreis sichert.*[183]

Linkes Außenseitertum, das ist die genaue Definition des gesellschaftlichen Standorts, den Benjamin in Zukunft einnehmen wird. Das Ende der *bürgerlichen Kunstepoche,* das er aus eigener Erfahrung im *Trauerspiel-buch* diagnostiziert hatte, eine Diagnose, die er in der neuesten literarischen Produktion Frankreichs bestätigt fand, ließ für ihn auch die traditionelle soziale Rolle des Intellektuellen hinfällig werden. In der nachrevolutionären Gesellschaft der Sowjet-Union fand er ihn im Dienst einer neuen Aufgabe, die er seinen deutschen Lesern an sichtbarster Stelle, in einem illustrierten Leitartikel der «Literarischen Welt» vom 11. März 1927, vorführte. Schon mit dem Titel seines Aufsatzes *Die politische Gruppierung der russischen Schriftsteller* deutet er an, daß in der neuen Gesellschaft nicht mehr ästhetische, sondern politische Affinitäten die Gruppenbildung der Schriftsteller bestimmen.[184] Deren drei wichtigste Tendenzen, den linken Proletkult, die rechten Poputschki und den Allrussischen Verband Proletarischer Schriftsteller (WAPP) bezieht er auf die tragenden gesellschaftlichen Kräfte der Zeit, den heroischen Kriegskommunismus, das Wiedererstarken der Bourgeoisie unter der Neuen Ökonomischen Politik und die Diktatur des Proletariats unter der Leitung der Partei. Diese materialistische Analysemethode läßt die erstaunliche Tatsache verständlich erscheinen, daß Benjamin sich nicht mit den linken Avantgardisten identifiziert, die seinen eigenen literarischen Intentionen am nächsten stehen, sondern mit dem *neuen russischen Naturalismus* des WAPP. Seiner literaturkritischen Äußerung liegt eine dezidiert politische Stellungnahme zugrunde. An der Praxis des WAPP liest er ab, daß es die Funktion der Literatur in einer revolutionären Gesellschaft sei, die *absolute Öffentlichkeit* herzustellen. Er sieht damit eine Entwicklung ihrem Zielpunkt zustreben, die sich in der bürgerlichen Gesellschaft nur höchst partiell hatte durchsetzen können. Fungiert doch nach ihm Literatur in der sowjetischen Gesellschaftsordnung nicht mehr als Selbstverständigungsmittel einer bürgerlichen Elite, sondern dient der «Alphabetisierung» der zur politischen Mündigkeit aufgerufenen Massen. In diesem didaktisch-politischen Kommunikationssystem hat der freie Schriftsteller keine Daseinsberechtigung mehr und wird daher wirtschaftlich und ideologisch *in dieser oder jener Form dem Staatsapparat verbunden ... und als Beamter oder anders durch ihn kontrolliert,* wie Benjamin notiert.[185] Mit der Begeisterung des Neophyten idealisiert er ein System, in dem es die von ihm als leidvoll erfahrene Außenseiterstellung des Intellektuellen nicht mehr gibt. Zwar weiß er, daß das sowjetische Modell nicht auf die westlichen Gesellschaftsformen übertragbar ist; zwar widerspricht die *absolute Öffentlichkeit* der revolutionären Lebensformen durchaus seinem eigenen innersten Antrieb – über nichts klagt er während seines Moskau-Aufenthalts häufiger, als daß er nie mit Asja *allein* sein könne –, doch aus der in der Sowjet-Union gemachten Erfahrung einer konkreten gesellschaftlichen Funktion des Schriftstellers erhält er die Anregung, auch dem eigenen Tun als Kritiker ein praktisches Ziel zu setzen.

In den Kritiken und Rezensionen, die Benjamin nach seiner Rückkehr aus Moskau schrieb, geht es ihm stets um eine Analyse von Rolle und Funktion des Schreibenden in den gesellschaftlichen Krisen seiner Zeit.

Seine Texte stellen sich so als literarisch vermittelte Selbstreflexionen dar, in denen er als Kritiker sich seiner sozialen Identität zu vergewissern sucht. Darüber hinaus aber wenden sie sich an ein Publikum, das von den in ihnen verhandelten Problemen in gleicher Weise betroffen ist: an die Intellektuellen, mit denen als Leser der «Literarischen Welt» und des Feuilletons der «Frankfurter Zeitung» zu rechnen war. Ihnen wollen sie den *Verfall der «freien Intelligenz»* – wie Benjamin gegen Karl Mannheims These von der sozial freischwebenden Intelligenz formuliert – und ihre wachsende soziale und ökonomische Abhängigkeit vor Augen führen. So zeigt Benjamin etwa an Hand der jüngsten französischen Literatur auf, wie in ihr das *unterirdische Kommunizieren der Intelligenz mit der Hefe des Proletariats* zum Ausdruck komme, wodurch deren traditioneller Status der Autonomie zerstört und die Notwendigkeit der Entscheidung für eine der beiden Klassenkampfparteien unumgänglich werde.[186]

Das an der Gegenwartsliteratur gewonnene Modell übertrug Benjamin auch auf historische Texte, wie sein Aufsatz über Gottfried Keller zeigt,

Leitartikel Benjamins in der «Literarischen Welt» vom 11. März 1927

DIE POLITISCHE GRUPPIERUNG DER RUSSISCHEN SCHRIFTSTELLER

Was am schlagendsten die Stellung des sowjetrussischen Schriftstellers von der einer sämtlichen europäischen Kollegen unterscheidet, ist die absolute Öffentlichkeit seines Wirkens. Seine Chancen sind daher ungleich größer, seine Kontrolle ist ungleich strenger als die der westlichen Literaten. Diese seine öffentliche Kontrolle durch Presse, Publikum und Partei ist politisch. Die eigentliche offizielle Zensur – bekanntlich eine Präventivzensur – ist also für die Bücher, die erscheinen, nur ein Vorspiel jener politischen Debatte, als welche ihre Rezensionen zum größten Teil sich darstellen. Farbe zu bekennen ist für den russischen Schriftsteller unter diesen Umständen eine Lebensfrage.

Die Auseinandersetzung mit den jeweils aktuellen politischen Parolen und Problemen kann niemals intensiv genug sein, die gestaltet, daß jede wichtige Entschließung der Partei den Schriftstellern die unmittelbarste Aufgabe stellt, und Romane und Novellen in vielen Fällen zum Staat in einem ähnlichen Verhältnis stehen, wie vor Jahrhunderten die Produktion eines Autors zu

führenden Dichtern der Gruppe sind Demjan Bedny, der erste volkstümliche große revolutionäre Lyriker, sowie die Erzähler Libedinski und Serafimowitsch die bekanntesten. "Chronisten" müßte man vielleicht die beiden letzten nennen. Ihre auch in Deutschland bekannten Hauptwerke "Die Woche", "Der eiserne Sturm" sind Referate aus den Tagen des Bürgerkrieges. Die Darstellung ist durchaus naturalistisch.

Dieser neue russische Naturalismus ist interessant in mehr als einer Hinsicht. Vorläufer hat er nicht nur im sozialen Naturalismus der neunziger Jahre, sondern seltsamere und bemerkenswertere in dem pathetischen Naturalismus des Barock. Nicht anders denn als *barock* ist die gehäufte Kraßheit seiner Stoffe, die unbedingte Präsenz des politischen Details, die Vorherrschaft des Stofflichen zu bezeichnen. So wenig wie für die Dichtung des deutschen Barock Formprobleme gegeben hat, so wenig existieren sie im heutigen Rußland. Zwei Jahre lang hat der Streit darüber gewährt, ob revolutionäre Form oder ein revolutionärer Inhalt das eigentliche Verdienst einer neuen Dichtung bestimmt. Mangels eigentümlicher revolutionärer Formgestaltung ist dieser Streit dann vor kurzem zugunsten einzig und allein des revolutionären Inhalts entschieden worden.

Bemerkenswert ist in der Tat, daß all die radikalen "linken" Formtendenzen, die in Plakaten, Dichtungen und Prozessionen während des "heroischen Kommunismus" sich kundgaben, geradlinig von den der westlichen, bürgerlichen Parolen der Vorkriegszeit abstammen: vom Futurismus, Konstruktivismus, Unanimismus usw. Heute noch haben diese Bewegungen ein gewisses Wirkungsbereich in der zweiten unter den drei großen Gruppen: den *Linken Popultschiki*. Diese Gruppe – wörtlich: "Linke Mitläufer" – bildet nicht einen organisierten Verband wie WAPP. Ursprünglich allerdings ging aus solchem recvo... "LEW" – "Linke Front" – war eine Vereinigung von Künstlern, die die Entwicklung revolutionärer Formen sich zur Aufgabe gestellt hatten. Ihr Mittelpunkt Wladimir Majakowski. Auch in den ersten "Proletkult"-Gruppen hatte Majakowski

"Prawda" Bucharin, der nur selten in literischen Dingen das Wort nimmt, einen langen Aufsatz über den Dichter erscheinen ließ. Das erklärt sich. Jessenin stellt die glänzende und wirkungsreiche Verkörperung eines "alten" russischen Typus dar, des schmerzlich aufgewühlten, tief und chaotisch der russischen Erde verfallenen Träumers, der unvereinbar mit dem neuen Menschen ist, welchen die Revolution in Rußland erschuf. Der Kampf gegen Jessenins Schatten und seinen ungeheuren Einfluß könnte ganz von fern an die neuerlich sehr aktuell gewordene Abwehr des Hooli-

LYDIA SEJFULLINA

gantums erinnern. Jedenfalls geht es in beiden Fällen um die Vernichtung eines asozialen Typus, in welchem Rußland das Gespenst seiner Vergangenheit erblickt, welches den Weg ins neue Eden der Maschinen ihm vertritt. Im übrigen zählt man die große Mehrzahl der 6000 russischen *Bauernschriftsteller* zu dieser rechten Richtung. Ihre Theoretiker sind Woronski und Efros. Woronski hat die Trotzkische Theorie sich zu eigen gemacht, die lange

ILJA EHRENBURG
(Zeichnung von B. F. Dolbin)

der, 1927 geschrieben, die Reihe seiner großen Essays in der «Literarischen Welt» eröffnete. In dieser Auftragsarbeit nahm er die Rezension einer kritischen Gesamtausgabe des Schweizer Autors zum Anlaß, den eigenen geschichtsphilosophischen Standpunkt zu reflektieren, wie er selbst rückblickend in einem Brief an Max Rychner aus dem Jahre 1931 feststellte: *... auch in diesem Aufsatz war es mein exaktes Bemühen, die Einsicht in Keller an der in den wahren Stand unseres gegenwärtigen Daseins zu legitimieren. Daß die historische Größe einen Standindex hat, kraft deren jede echte Erkenntnis von ihr zu geschichtsphilosophischen – nicht psychologischen – Selbsterkenntnis des Erkennenden wird, das mag eine recht unmaterialistische Formulierung sein, ist aber eine Erfahrung, die mich den hanebüchenen und rauhbeinigen Analysen eines Franz Mehring immer noch eher verbindet, als den tiefsinnigsten Umschreibungen des Ideenreiches, wie sie heute aus Heideggers Schule hervorgehen.*[187] Als materialistischer Kritiker beschreibt Benjamin zunächst die materielle und ideelle Unterstützung, die Keller vom Bürgertum seiner Heimatstadt Zürich zuteil wurde. Die ansonsten in den fünfziger Jahren des vorigen Jahrhunderts durchaus unübliche Interessenidentität zwischen Bourgeoisie und Intelligenz leitet er aus der Sonderentwicklung der Schweiz ab, die *wohl am längsten in ihren oberen Schichten Züge des vorimperialistischen Bürgertums festgehalten* hat.[188] Der dem *handwerklichen Produktionsprozeß* noch nahestehende Erzähler Keller nehme alle Dinge in ihrer irdischen Wirklichkeit ernst, was seinen Schriften ihren antikisch unsentimentalen Charakter verleihe. Seine Welt habe *zur «homerischen Schweiz» sich zusammengezogen*[189]. Mit diesen Worten spricht Benjamin Kellers Erzählungen genuin epische Qualitäten zu, das heißt Homogenität, lebendige Gliederung und Sinnfülle des Textes, wie sie nach Lukács' «Theorie des Romans» für das homerische Epos charakteristisch waren. Trotz ihrer historischen und sozialen Konkretheit erweist sich Benjamins Keller-Kritik als rückwärtsgewandte Utopie. In ihr wird ein harmonischer Zustand beschworen, der in den Wirren der sich verschärfenden Klassenkämpfe längst untergegangen ist, ja dessen materialistische Glücksvisionen auch im 19. Jahrhundert nur auf Grund der altväterlichen Ausnahmesituation der Schweiz möglich waren. Die Wehmut, die im kritischen Text anklingt, bezeugt ebenso wie die leuchtenden Farben, mit denen in ihm die epische Erzählliteratur verklärt wird, die Sehnsucht des intellektuellen Außenseiters nach gesellschaftlicher Integration.

Indem Benjamin die literarische Kritik materialistisch und geschichtsphilosophisch zugleich fundiert, gibt er ihr eine neue Funktion. Er sieht in ihr nicht mehr ein Element des literarischen Marktes, noch auch ein Mittel der ästhetischen Wertung, sondern den Ort, an dem er durch eine Diskussion über Rolle und Aufgabe des Literaten in der Gegenwart dessen *Politisierung* vorantreiben kann.[190] Inhaltlich bewirkt er dies durch die Mitteilung der eigenen gesellschaftlichen Erfahrungen. So spricht er, wenn er in seinem großen Essay über den *Sürrealismus* von 1929 dessen Erwachen zum politischen Bewußtsein und zum Engagement für die proletarische Revolution nachzeichnet, vor allem auch von der Geschichte

seiner eigenen Politisierung. Als deutscher Intellektueller ist er durch die Vernichtung seiner Privilegien in Opposition zur bürgerlichen Gesellschaft geraten und hat die *äußerst exponierte Stellung zwischen anarchistischer Fronde und revolutionärer Disziplin am eignen Leib ... erfahren müssen*[191]. Im Gegensatz zum konkreten Engagement der Surrealisten bleibt Benjamins Definition der Aufgabe des Intellektuellen allerdings rein negativ: er habe *den Pessimismus zu organisieren* und die *dialektische Vernichtung* der falschen Bilder zu betreiben, aus deren Projektionen der gesellschaftliche Raum sich konstituiert.

Der Essay *Der Sürrealismus* entstand als *ein Paravent vor den «Pariser Passagen*[192], der Arbeit, die Benjamin bei seiner *elliptischen Lebensweise Berlin–Paris* in den Jahren 1927 bis 1929 am intensivsten beschäftigte.[193] Angeregt durch die Lektüre von Aragons «Le Paysan de Paris», ein Buch, das er, wie er einmal schreibt, niemals ohne Herzklopfen lesen konnte[194], versuchte er zunächst in dieser *dialektischen Feerie*[195], ähnlich wie im Moskau-Essay, durch die materialistische Beschreibung des Stadtbildes eine geschichtsphilosophische Standortbestimmung der eigenen Zeit zu gewinnen. Unter dem methodischen Leitgedanken, die Straßen seien *die Wohnung des Kollektivs*[196], sammelte er zusammen mit Franz Hessel seit April 1927 Materialien für den geplanten Zeitschriftenartikel. Paris wurde ihm dabei mehr und mehr zum eigentlichen geistigen Bezugspunkt: *Während ich mit meinen Bemühungen und Interessen in Deutschland unter den Menschen meiner Generation mich ganz isoliert fühle, gibt es in Frankreich einzelne Erscheinungen – als Schriftsteller Giraudoux und besonders Aragon – als Bewegung den Surréalismus, in denen ich am Werk sehe, was auch mich beschäftigt.*[197] Wie sehr Benjamin mit dem Bewußtsein der eigenen avantgardistischen Sonderstellung, das sich in diesem Satz ausspricht, recht behalten sollte, zeigt sich an der Tatsache, daß die literarische Öffentlichkeit in Deutschland erst in den sechziger Jahren im Gefolge einer intensiveren Surrealismusrezeption auch die Eigenart seines Werkes anerkannte.

Von Anfang an war mit dem Aufsatz über die Passagen, der Synthese und Abschluß des mit der *Einbahnstraße* begonnenen materialistischen Produktionskreises bilden sollte, eine neue Geschichtstheorie intendiert.[198] Vom Verschwinden *einer der ältesten Passagen,* der Passage de l'Opéra, die schon in Aragons Buch eine zentrale Rolle spielte, und der feierlichen Eröffnung einer neuen an den Champs-Élysees geht Benjamin in seinen Aufzeichnungen aus, um diese für das Stadtbild des 19. Jahrhunderts typischen Architekturformen als heimliche Tempel der Ware zu beschreiben.[199] Indem er so im Bild der langsam veraltenden, glasgedeckten Gänge die ökonomische Basis der kapitalistischen Gesellschaft dekuvriert, versucht er gleichzeitig, gewisse Erkenntnisse der psychoanalytischen Traumdeutung für den eigenen Geschichtsbegriff fruchtbar zu machen: *Die kopernikanische Wendung in der geschichtlichen Anschauung ist dies: man hielt für den fixen Punkt das «Gewesene» und sah die Gegenwart bemüht, an dieses Feste die Erkenntnis tastend heranzuführen. Nun soll sich dieses Verhältnis umkehren und das Gewesene seine dialektische Fixie-*

rung von der Synthesis erhalten, die das Erwachen mit den gegensätzlichen Traumbildern vollzieht. Politik erhält den Primat über die Geschichte. Und zwar werden die historischen «Fakten» zu einem uns soeben Zugestoßenen: sie festzustellen ist die Sache der Erinnerung. Und Erwachen ist der exemplarische Fall des Erinnerns.[200] In diesen äußerst verkürzenden Formulierungen hält Benjamin erstmals Gedanken fest, die für seine gesamte spätere Arbeit von höchster Wichtigkeit werden sollten. Die historischen Manifestationen der menschlichen Gesellschaft werden von ihm als Traumbilder aufgefaßt, deren Verschiebungen die Historiker aufzulösen hätte. Ihm käme so – wie dem Messias am Ende aller Tage – die Aufgabe zu, die *verrückten* Bilder zurechtzurücken und damit der Welt ihre wahre Bedeutung zuzuschreiben.

Die methodischen Schwierigkeiten, die darin lagen, diese neue Konzeption mit der traditionelleren der materialistischen Analyse zu vereinbaren, erwiesen sich in diesem Stadium der Arbeit als unüberwindlich. Daher zögerte sich deren Fertigstellung immer mehr hinaus. Im Mai 1928 berichtete Benjamin aus Berlin, wohin er im November 1927 zurückgekehrt war: *Die Arbeit über Pariser Passagen setzt ein immer rätselhafteres, eindringlicheres Gesicht auf und heult nach Art einer kleinen Bestie in meine Nächte, wenn ich sie tagsüber nicht an den entlegensten Quellen getränkt habe. Weiß Gott, was sie anrichtet, wenn ich sie eines Tages frei lasse.*[201] Gegen Ende des Jahres mußte er erkennen, daß sich das Ganze zu einem *philosophischen Fortinbras* ausgewachsen hatte, der *die Erbschaft des Surrealismus antreten wird. Mit anderen Worten: ich schiebe die Abfassungszeit der Sache ganz gewaltig hinaus . . .*[202] Um die Jahreswende 1929/30 schließlich brach er die Arbeit vorläufig ab, um sie erst im Exil wiederaufzunehmen.

Das Passagenprojekt hatte seit seiner ersten Konzeption mit der ganz anderen Absicht Benjamins in Konkurrenz gestanden, Hebräisch zu lernen und nach Palästina zu gehen. Im August 1927 hatte er in Paris seinen 1923 ausgewanderten Freund Scholem wiedergesehen, der inzwischen an der neugegründeten Jerusalemer Universität Dozent für jüdische Mystik geworden war und sich auf einer Bibliotheksreise durch Europa befand. Dieser brachte ihn mit Jehuda Leon Magnes, dem ersten Rektor der Jerusalemer Universität, zu einem längeren Gespräch zusammen, in dessen Verlauf Benjamin, nach Scholems Erinnerung, «seinen Wunsch, sich durch das Medium des Hebräischen den großen Texten der jüdischen Literatur nicht als Philologe, sondern als Metaphysiker zu nähern, präzisierte und seine Bereitschaft erklärte, gegebenenfalls nach Jerusalem, sei es vorübergehend, sei es für dauernd zu kommen»[203]. Im nachhinein kann man diesen Plan nicht anders denn als Wunschdenken Scholems und als Selbsttäuschung Benjamins verstehen, der sich durch den Enthusiasmus, wie durch den äußeren Erfolg und die geistige Konsequenz seines jüngeren Freundes hatte blenden lassen.

In den darauffolgenden Monaten präzisierte sich das Projekt in einem regen Briefwechsel zwischen Berlin und Jerusalem. Benjamin sollte zunächst in Deutschland, dann in Palästina die hebräische Sprache erlernen. Im März 1928 war der Plan so weit gediehen, daß Benjamin an Hofmannsthal schreiben konnte: *Die Universität Jerusalem beabsichtigt, in absehbarer Zeit sich ein Institut für Geisteswissenschaften anzugliedern. Und zwar geht man damit um, den Lehrauftrag für neue deutsche und französische Literatur dort an mich zu vergeben. Bedingung ist, daß ich in zwei bis drei Jahren solide Kenntnisse im Hebräischen gewonnen habe.*[204] Die hier ausgesprochene Hoffnung auf eine akademische Karriere mag mit dazubeigetragen haben, daß er dieses Projekt ernsthaft ins Auge faßte. Ebenso die Aussicht auf ein Stipendium zum Erlernen des Hebräischen, die ihm Magnes bei einem zweiten Treffen in Berlin im Juni 1928 eröffnete. Tatsächlich ließ ihm dieser – sehr zum Entsetzen Scholems – im Oktober den Gesamtbetrag der versprochenen Unterstützung – es soll sich um mehrere tausend Dollar gehandelt haben – nach Berlin überweisen, ohne daß Benjamin seine Sprachstudien begonnen hatte. Auch seine vereinbarte Abreise nach Palästina schob er von Mal zu Mal hinaus, wobei er sich auf noch zu erledigende Arbeiten berief, den Passagenaufsatz und einen längeren Artikel über Goethe vom materialistischen Standpunkt, den er der Redaktion der «Großen Sowjet-Enzyklopädie» versprochen hatte und den er im Oktober 1928 fertigstellte.[205]

Auch die privaten Lebensumstände Benjamins gestalteten sich in dieser Zeit für seine Übersiedlungspläne nicht günstig. Im November 1928 kehrte Asja Lacis nach Berlin zurück, wo sie an der Filmabteilung der sowjetischen Handelsmission arbeitete. Als Benjamin zeitweilig mit ihr zusammen lebte, zerbrachen die schon lange gespannten Beziehungen zu seiner Frau vollends. Im Laufe des Jahres 1929 kam es zu einem längeren *von beiden Seiten mit größter Erbitterung geführten* Scheidungsprozeß[206], dessen physische und psychische Belastungen Benjamin derart mitnahmen, daß er im Oktober neuerlich einen Zusammenbruch erlitt. *Ich konnte nicht telephonieren, niemanden sprechen, geschweige denn schreiben.*[207] Als im April 1930 schließlich die Scheidung ausgesprochen wurde, sah sich Benjamin dazu verurteilt, die hohe Mitgift Doras, nach Angaben Scholems handelte es sich um 40000 Mark, an diese zurückzuzahlen.[208]

Gleichzeitig mit dieser Loslösung von der eigenen Familie vollzog er die endgültige, sehr verspätete Emanzipation vom Elternhaus. Man kann die Verstrickungen, die Benjamin an seinen familiären Ursprung banden, nur ahnen, wenn man seinen 1929 geschriebenen Essay über *Julien Green* liest, in dem er *das Trauma des Elternanblicks in seiner doppelten Figur als urgeschichtliches und geschichtliches Phänomen* als *das bleibende Motiv dieses Dichters* identifiziert.[209] In Benjamins eigenem Leben finden sich zahlreiche Symptome dafür, daß er lange Zeit selber im Banne der kreatürlichen Schrecken gestanden hat, die *das Haus der Väter, das in der zwiefachen Finsternis des kaum Vergangenen und des Unvordenklichen dasteht,* für seine Bewohner bereithält.[210] Bis fast zu seinem 40. Lebensjahr hat er mit Frau und Kind in der elterlichen Villa gewohnt. Seine manische Reisesucht, seine Spielleidenschaft und die psychischen Zusammenbrüche, von denen er immer wieder berichtet, sind nichts anderes als die verzweifelten Versuche, dieser allzu starken Bindung zu entkom-

Dora Benjamin, geb. Kellner, um 1930

men. Im Februar 1929 erkrankte Benjamins Mutter schwer und starb am 2. November 1930. Erst dieser Tod gab dem Sohn die Freiheit, sich endgültig aus der Abhängigkeit vom Elternhaus zu lösen. Als geradezu zeichenhaften Schlußpunkt seiner Familienbindungen kann man es ansehen, daß er sich zur *Verschreibung* seines gesamten Erbes gezwungen sah, um die finanziellen Lasten aus dem Scheidungsprozeß zu mindern. Dieser endgültige Bruch mit der Vergangenheit bedeutete einerseits eine noch größere materielle Unsicherheit für ihn: ... *es ist ja nichts leichtes an der Schwelle der vierzig ohne Besitz und Stellung, Wohnung und Vermögen zu stehen.*[211] Aber andererseits auch die endgültige Befreiung zu der Lebensform, auf die hin er seine Existenz von Anfang an angelegt hatte: die des Außenseiters, der als isoliertes Individuum nur noch durch und für das Schreiben lebt. So ist es nicht verwunderlich, daß er die Ereignisse der

Jahre 1929 und 1930 als den *Beginn eines neuen Lebens* interpretiert.[212]

Unter diesen Umständen wurde die Beschäftigung mit dem Hebräischen, für das ohnehin schon neben seinen schriftstellerischen Arbeiten kaum Raum blieb, ganz in den Hintergrund gedrängt. Im Mai 1929 begann er zwar, bei dem Zionisten Max Mayer, den Scholem ihm empfohlen hatte, täglich Sprachunterricht zu nehmen, doch schon Ende Juni schränkte er Hofmannsthal gegenüber ein: *Seit zwei Monaten habe ich endlich mit meinem Vorsatz ernst gemacht: ich lerne hebräisch. Diesen Einschnitt in meine Arbeit auch äußerlich und so markant zum Lebensabschnitt zu machen wie Sie es mir in unserm ersten Gespräch so überzeugend anrieten, ließ sich nicht durchführen. Ich konnte nicht von Berlin fortgehen.*[213] Wenige Wochen später brach er mit dem Schriftsteller Wilhelm Speyer zu einer Reise nach Italien auf, weshalb er seine Sprachstudien gänzlich ruhen ließ, ohne daß er sie je wieder aufgenommen hätte.

Benjamins Weigerung, sich in Palästina zu engagieren, steht in auffallendem Einklang mit seiner schon 1913 gegenüber Ludwig Strauss geäußerten Absage an den Zionismus und seinem Plädoyer für eine Durchsetzung der geistigen Werte des Judentums im Kontext der europäischen Kultur. Scholems Enttäuschung über Benjamins Ausbleiben war naturgemäß groß. Hinzu kam das für ihn unverzeihliche Faktum, daß sein Freund Geld von einer jüdischen Organisation angenommen hatte, ohne die versprochene Gegenleistung zu erbringen. Benjamin war sich der schiefen Situation, in der er sich Scholem gegenüber befand, durchaus bewußt. Als er im Herbst 1929 sein endgültiges Kommen ein letztes Mal für den November angekündigt hatte, dann aber wieder ausgeblieben war, schrieb er am 20. Januar 1930 nach einem dreimonatigen verlegenen Schweigen einen Entschuldigungsbrief in französischer Sprache, in dem er zugleich sich und dem Freund Rechenschaft über seine eigenen Ziele zu geben versuchte: *Erstens habe ich mir – ehrlich gesagt, in bescheidenem Ausmaß – in Deutschland eine Stellung geschaffen. Das Ziel, das ich mir vorgesetzt hatte, ist noch nicht ganz verwirklicht, aber ich komme ihm doch endlich einigermaßen nahe. Es ist: als der wichtigste deutsche Literaturkritiker anerkannt zu werden ... Zweitens und vor allem, worum es mir in Zukunft geht, ist mein Buch «Pariser Passagen». Es tut mir sehr leid, daß alles, was es betrifft, – und es ist wirklich das Theater all meiner Kämpfe und all meiner Gedanken – dem Gespräch zur Mitteilung vorbehalten bleiben muß.*[214] Erst im Exil konnte er die Arbeit an diesem Projekt wiederaufnehmen. Sie hat ihn bis zu seinem Tode in ihrem Bann gehalten.

Krise und Kritik
(1929–1933)

In den letzten Jahren der Weimarer Republik, die von der Weltwirtschaftskrise und in deren Gefolge vom Aufstieg des Nationalsozialismus überschattet waren, hat Benjamin in der Tat die von ihm erstrebte Stellung eines der hervorragendsten Kritiker deutscher Sprache einnehmen können. Nicht nur gelang es ihm, in den beiden bedeutendsten Literaturblättern der Zeit regelmäßig zu publizieren, auch dem selbst gestellten Anspruch, der Kritiker habe als *Stratege im Literaturkampf* zu wirken, wurde er mehr und mehr gerecht. Indem er seine Pariser und Moskauer Erfahrungen für die Analyse der deutschen Zustände nutzbar machte, wertete er die ephemere Gattung der Buchrezension auf, verwandelte sie in literarische Kurzprosa, in der die Antinomien des öffentlichen Bewußtseins aufgedeckt werden konnten. Nach dem Grundsatz, den er selbst in *Die Technik des Kritikers in dreizehn Thesen* aufgestellt hatte, mußte dabei *«Sachlichkeit» dem Parteigeist geopfert werden, wenn die Sache es wert ist, um welche der Kampf geht*[215].

So polemisiert er in den Kritiken dieser Jahre vornehmlich gegen konservative und faschistische Kultur- und Gesellschaftstheorien. In «Die Literarische Welt» setzt er sich unter dem Titel *Wider ein Meisterwerk* mit Max Kommerells aus dem Geist des George-Kreises hervorgegangener Programmschrift «Der Dichter als Führer in der deutschen Klassik» auseinander, in der er nicht zu Unrecht eine *magna charta* des *deutschen Konservativismus* erblickt.[216] In der sozialdemokratischen Zeitschrift «Die Gesellschaft» unterzieht er die *Theorien des deutschen Faschismus* am Beispiel der Kriegsmystik Ernst Jüngers einer vernichtenden Kritik. Überraschenderweise ist sein Angriff gegen die Positionen der Linksintellektuellen eher noch vehementer als gegen die der Rechten. Zwar gesteht er der radikalen bürgerlichen Linken zu, die *ausweglose Lage* der Intellektuellen in der sich zuspitzenden gesellschaftlichen Auseinandersetzung durchschaut zu haben[217], jedoch nur, um daraus die schwerwiegende Anklage abzuleiten, sie verkauften ihre Einsichten lediglich zum Amüsement eines dekadenten Publikums, anstatt sie zur Veränderung der Zustände einzusetzen. Die Polemik gegen die Linksintellektuellen kulminiert in der *Linke Melancholie* überschriebenen Rezension von Erich Kästners Gedichten, die für die «Frankfurter Zeitung» bestimmt war, aber wegen ihres aggressiven Tons von deren Feuilletonredaktion abgelehnt wurde und erst 1931 in «Die Gesellschaft» erschien. Ausgehend von einer Analyse des Rezipientenkreises der linken Lyrik, die deren Leserschaft in der Zwischenschicht höherer Angestellter und neureicher Banausen ausmachen zu können glaubt, konstruiert Benjamin die politische Stellung des Autors Kästner als *links vom Möglichen überhaupt.* Anstatt einen Beitrag zum gesellschaftlichen Entscheidungsprozeß zu leisten, bewirke er mit seinen Gedichten – und das sei kennzeichnend für die Literatur der *linksradikalen Publizisten vom Schlage der Kästner, Mehring oder Tucholsky* – nichts anderes als die Verwandlung des politischen Kampfes *aus einem Zwang zur Entscheidung in einen Gegenstand des Vergnügens, aus einem Produktionsmittel in einen Konsumartikel*[218].

Aus diesen negativen Wertungen ist Benjamins eigene Position schon abzulesen. Für ihn soll, wie er seine Erfahrungen aus dem «Literaturkampf» der Weimarer Republik 1934 im Exil zusammenfaßt, die Literatur *neben und vor ihrem Werkcharakter eine organisierende Funktion* haben.[219] Das habe insbesondere auch für die literarische Kritik zu gelten, die als funktionale zum Ort der gesellschaftlichen Selbstverständigung der Schreibenden werden könne. In seiner Rezension von Siegfried Kracauers Studie «Die Angestellten», die unter dem Titel *Die Politisierung der Intelligenz* im Jahre 1930 in «Die Gesellschaft» erschien, kommt Benjamin dieser seiner Intention am nächsten. Für ihn bezeichnet die Diskrepanz, die Kracauer zwischen der proletarisierten ökonomischen Lage und den von abgesunkenen kulturellen Leitbildern der Bourgeoisie beherrschten Bewußtseinsinhalten der Angestellten aufdeckt, das Ausmaß von deren Selbstentfremdung. Kracauer hatte sein Buch als Information über ein «unbekanntes Gebiet» der sozialen Wirklichkeit verstanden wissen und durch Anregung einer «öffentlichen Diskussion» Veränderungen der untersuchten Zustände bewirken wollen.[220] Benjamin hingegen stellt unumwunden fest: *Auf politische Wirkung, wie man sie heute versteht – auf demagogische also – wird diese Schrift ... verzichten müssen.* Statt dessen sieht er in ihr *eine konstruktive theoretische Schulung, die sich weder an den Snob noch an den Arbeiter wendet, dafür aber etwas Wirkliches, Nachweisbares zu fördern imstande ist: nämlich die Politisierung der eigenen Klasse*[221]. Hinter dieser Behauptung steht die zutreffende Erfahrung, daß Literatur, zumal soziologische, allein von Intellektuellen gelesen wird und deshalb einzig darin ihre Wirkung haben kann, daß sie deren gesellschaftliches Selbstverständnis fördert.

Benjamins Rezension, die den Entwurf eines Sozialcharakters des Intellektuellen liefert, verdichtet sich in ihrem Schlußsatz zu einem Bild, in dem das Gemeinte prismatisch eingefangen ist. Der Autor erscheint dort als *Lumpensammler frühe im Morgengrauen, der mit seinem Stock die Redelumpen und Sprachfetzen aufsticht, um sie murrend und störrisch, ein wenig versoffen, in seinen Karren zu werfen, nicht ohne ab und zu einen oder den anderen dieser ausgeblichenen Kattune «Menschentum», «Innerlichkeit», «Vertiefung» spöttisch im Morgenwinde flattern zu lassen. Ein Lumpensammler, frühe – im Morgengrauen des Revolutionstages.*[222] Was Benjamin an anderer Stelle als *unterirdisches Kommunizieren der Intelli-*

genz mit der Hefe des Proletariats beschrieben hat, erscheint hier in einem Motiv aus Baudelaires Gedicht «Le Vin des chiffoniers» zur Allegorie verbildlicht, deren Möglichkeit nun nicht mehr wie im *Trauerspielbuch* in metaphysischen, sondern in sozialen Strukturhomologien begründet ist. Der Lumpensammler kann deshalb für den Autor einstehen, weil er wie dieser und wie sein Untersuchungsgegenstand, die Angestellten, aus den beiden großen Klassenverbänden, Bourgeoisie und Proletariat, herausgefallen ist. Die Vielschichtigkeit von Benjamins kritischer Prosa läßt sich allerdings erst voll ermessen, wenn man sieht, daß auch in der soziologischen Allegorie Theologisches noch anklingt. Der Lumpensammler tritt als Sprachkritiker auf und gleicht in seiner Gestik dem von Benjamin in seinen Texten seit 1920 immer wieder beschworenen «Angelus Novus», dem die Geschichte ihre Trümmer vor die Füße schleudert, in dessen Flügeln aber sich der Sturm des Paradieses verfängt.

Auf Grund ihrer soziologischen Konkretisierung gewinnt die Allegorie andererseits eine politische Dimension. Mit der Gleichsetzung von Intelligenz und Lumpenproletariat negiert Benjamin das zentrale Dogma, auf das sich die Kulturarbeit der KPD im Bund proletarisch-revolutionärer Schriftsteller gründete. In der Formulierung Johannes R. Bechers in seinem Grundsatzartikel «Partei und Intellektuelle» von 1928: der Intellektuelle müsse sich durch alltägliche politische Kleinarbeit und Unterwerfung unter die Parteidisziplin zum Proletarier wandeln, um revolutionäre Literatur schreiben zu können.[223] Dem widerspricht Benjamin explizit, wenn auch ohne Nennung des Adressaten, wenn er daran festhält, *daß selbst die Proletarisierung des Intellektuellen fast nie einen Proletarier schafft. Warum? Weil ihm die Bürgerklasse in Gestalt der Bildung von Kindheit auf ein Produktionsmittel mitgab, das ihn auf Grund des Bildungsprivilegs mit ihr und, das vielleicht noch mehr, sie mit ihm solidarisch macht.*[224]

Hinter diesem Widerspruch gegen die offizielle Parteilinie steht die genauere Analyse der aktuellen politischen Situation. Es fällt auf, daß in der Rezension ausschließlich von den sozialen Schichten gesprochen wird, die der Verführung durch den Nationalsozialismus am stärksten ausgesetzt waren: die immer größere Masse derjenigen, die aus dem Bürgertum und dem Proletariat verdrängt wurden, also Lumpenproletariat, sprich: Arbeitslose, zudem Angestellte und Intellektuelle. Diese Gruppen über ihren gesellschaftlichen Status aufzuklären, sie der Selbstentfremdung zu entreißen und sie damit der drohenden Selbstauslieferung an den Nationalsozialismus zu entziehen, ist die Aufgabe, die Benjamin dem revolutionären Intellektuellen stellt. Selbst wenn diese Vorschläge unter den gegebenen Umständen sich nicht in die Praxis umsetzen ließen, so liegt ihnen doch eine illusionslose Einschätzung der Lage zugrunde, die schon vor 1933 die Selbsttäuschungen der offiziellen kommunistischen Politik durchschaute. Mit erstaunlicher Hellsichtigkeit schreibt Benjamin bereits im Oktober 1931 an Scholem: *Die Wirtschaftsordnung Deutschlands hat soviel festen Grund wie die hohe See und die Notverordnungen überschneiden sich wie die Wellenkämme. Die Arbeitslosigkeit ist im Be-*

Walter Benjamin zu Beginn der dreißiger Jahre

griff, *die revolutionären Programme genau so antiquiert zu machen wie es mit den wirtschaftspolitischen bereits geschehen ist. Denn allem Anschein nach sind die faktisch von den Massen der Arbeitslosen delegierten bei uns die Nationalsozialisten; die Kommunisten haben bisher den notwendigen Kontakt mit diesen Massen und damit die Möglichkeit einer revolutionären Aktion nicht gefunden . . .*[225]

In der Überblendung soziologischer Einsichten mit wirkungsästhetischer Reflexion und politischer Handlungsanweisung ist die Kracauer-Rezension exemplarisch für Benjamins journalistische Produktion dieser Jahre. Mehr oder minder ausgeprägt finden sich diese Elemente in allen Rezensionen und geben ihnen eine für derartige Gelegenheitstexte einzigartige Geschlossenheit. Das trifft auch auf seine Rundfunkarbeiten zu, die er seit dem August 1929 für den Südwestdeutschen Rundfunk Frankfurt und die Funkstunde Berlin mehrmals monatlich schrieb und häufig auch selbst produzierte. Bis zur politischen Infiltration der Sendeanstalten durch die Nationalsozialisten, in Berlin bis zum Frühjahr 1932, in Frankfurt bis Januar 1933, gestaltete er insgesamt 85 Sendungen, darunter Hörspiele, eine für den Jugendfunk gedachte Serie über die Großstadt Berlin, Vorträge über Hebel, George, Brecht und Kafka und schließlich die von ihm zusammen mit Wolf Zucker entworfenen *Hörmodelle*, in denen dem Hörer in einem aus Alltagssituationen heraus entwickelten Dialog praktische Lebenshilfe geboten werden sollte.[226]

Benjamins Tätigkeit als Rundfunkjournalist war keineswegs bloße Nebentätigkeit zum Zwecke des Gelderwerbs. Vielmehr hat er als einer der Pioniere dieses neuen Mediums sich hier die Erfahrungen erarbeitet, die ihm in den großen Essays der Exilzeit die Formulierung einer Theorie des nicht auratischen Kunstwerks ermöglichten. In seinen Hörmodellen, Funkspielen und selbst in seinen literaturkritischen Vorträgen versuchte er den technischen Reproduktionsapparat zu nutzen, um *der schrankenlosen Ausbildung einer Konsumentenmentalität* entgegenzuwirken und den Hörer durch die Form der Sendungen zu eigenständiger Produktion anzuregen.[227] Ein solchermaßen zum dialogischen Medium umfunktionierter Rundfunk sollte grundsätzlich die *Trennung zwischen Ausführendem und Publikum* aufheben und damit zum Vorbild einer neuen *Volkskunst* werden.[228] Die aufklärerische Tradition, in die er sich mit diesen *Reflexionen zum Rundfunk* stellte, macht er in einer seiner frühesten Radiosendungen, einem Porträt des Erzählers Johann Peter Hebel aus dem Jahre 1929, deutlich. Als *Vergegenwärtiger* charakterisiert er den rheinischen Hausfreund und beschreibt damit zugleich seine eigene Haltung als Journalist. Wie jener seine Geschichten in der Weise erzählt, daß *das anekdotische, das kriminelle, das possierliche, das lokale Faktum als solches schon moralisches Theorem* wird, so sucht auch Benjamin seine politische Moral an Alltagssituationen zu binden, *in welchen sie die Leute erst entdecken* müssen.

Der Versuch, den der Unterhaltung und Zerstreuung dienenden Apparat in ein Kommunikationsinstrument zu verwandeln, das die Selbstaufklärung der Öffentlichkeit befördern sollte, mußte damals wie heute eine Utopie bleiben, eine Utopie jedoch, deren gesellschaftliche Bedeutung noch unabweisbarer war als die der Lehrstücke, mit denen Brecht zur gleichen Zeit dem Theater eine pädagogische Funktion zu eröffnen versuchte. Benjamins journalistische und medienpolitische Arbeiten dieser Jahre sind denn auch zunehmend durch den intensiven Gedankenaustausch mit Brecht bestimmt. Er hatte den Autor, der damals gerade durch den Erfolg seiner «Dreigroschenoper» zum enfant terrible der Berliner Theaterwelt avanciert war, im Mai 1929 durch die Vermittlung von Asja Lacis kennengelernt. Im Juni berichtete er Scholem: *Es wird Dich interessieren, daß sich in letzter Zeit sehr freundliche Beziehungen zwischen Bert Brecht und mir herausgebildet haben, weniger auf dem beruhend, was er gemacht hat und wovon ich nur die Dreigroschenoper und die Balladen kenne als auf dem begründeten Interesse, das man für seine gegenwärtigen Pläne haben muß.*[229] Brechts Projekte, auf die Benjamin hier anspielt, sind die ersten Hefte der «Versuche», in denen die frühesten Lehrstücke, einige «Keunergeschichten» und das «Fatzer-Fragment» publiziert wurden. In ihnen fand der Kritiker zum erstenmal im Medium avantgardistischer poetischer Texte die Bestätigung und praktische Anwendung seiner Theorie einer funktionalen Literatur.

Benjamins öffentliche Äußerungen zu Brecht beziehen sich denn auch vornehmlich auf das erste Heft der «Versuche». In einem am 27. Juni 1930 vom Südwestdeutschen Rundfunk Frankfurt gesendeten Vortrag stellte er seinen Hörern Bertolt Brecht als *Erzieher, Politiker, Organisator* vor, und dessen alter ego, Herrn Keuner, als den Archetyp des *Führers. Er ist es nur ganz anders, als man sich einen Führer gewöhnlich vorstellt; beileibe kein Rhetor, kein Demagog, kein Effekthascher oder Kraftmensch. Seine Hauptbeschäftigung liegt meilenweit fort von dem, was man sich heute unter einem Führer vorstellt. Herr Keuner ist nämlich der Denkende.*[230] Die Konfrontation der literarischen Figur mit dem an die Instinkte appellierenden politischen Verführer, deren Aktualität keinem der Hörer des Jahres 1930 entgangen sein dürfte, treibt in Benjamins Kritik die politische Nutzanwendung der «Keunergeschichten» hervor. Sie sollen Fragen erregen, Fragen nach dem mangelnden Denken der Politiker und nach dem politischen Interesse der Denker, kurz, mit Benjamins Worten: *handfeste Fragen.*

Auch die beiden anderen Texte über Brecht aus diesen Jahren betonen die politischen Dimensionen von dessen Werk. In dem *Brecht-Kommentar,* aus dem Teile in der «Frankfurter Zeitung» vom 6. Juni 1930 zu lesen waren, wird ein Gedicht aus dem «Fatzerfragment» auf die politischen Zustände in der Sowjet-Union bezogen. Der Aufsatz *Was ist das epische Theater* gibt an Hand der Berliner Aufführung von «Mann ist Mann» aus dem Jahre 1931 eine erste theoretische Bestandsaufnahme von Brechts neuer Dramenform und Aufführungspraxis. Benjamin knüpft hierbei an die Ergebnisse seiner Habilitationsschrift an, wenn er Brechts Lehrtheater und seinen untragischen Helden einer Tradition zuordnet, durch die *quer durch das erhabene aber unfruchtbare Massiv der Klassik das Vermächtnis des mittelalterlichen und barocken Dramas auf uns gekommen ist*[231]. In dieser Geschichtskonstruktion spricht sich das Wissen vom Ende des autonomen Kunstwerks ebenso aus wie das Selbstbewußtsein Benjamins, als erster diesen säkularen Umbruch theoretisch erfaßt zu haben.

Die intensive Zusammenarbeit zwischen Benjamin und Brecht führte 1930 zu dem Projekt einer Zeitschrift, deren Programm er *gemeinsam mit Brecht in langen Gesprächen* ausgearbeitet hatte und die den bezeichnen-

Walter Benjamin, Anfang der dreißiger Jahre

den Titel «Krise und Kritik» tragen sollte.[232] Aus erhaltenen Notizen über diese Gespräche geht hervor, daß die beiden sich über die grundsätzliche Funktion der Kritik, *eingreifendes Denken* zu lehren und dadurch die *Theorie in ihre produktiven Rechte* wieder einzusetzen, durchaus einig waren.[233] *Die Kritik*, heißt es da kategorisch, *ist so aufzufassen, daß die Politik ihre Fortsetzung mit anderen Mitteln wäre.*[234] Während Brecht jedoch die kritische Funktion des Denkens an «das in einer Gesellschaft Realisierbare» gebunden wissen wollte, bestand Benjamin darauf, daß es *immer Bewegungen gegeben habe, früher vorwiegend religiöse, die so wie Marx auf radikale Zertrümmerung der Bilderwelt ausgingen.* Er schlägt daher *2 Forschungsmethoden* vor: *1. Theologie 2. materialistische Dialektik.*[235] Schon an dieser Bemerkung wird deutlich, daß die Politisierung von Benjamins Denken, die in dem Bekenntnis zu Brecht ihren weithin sichtbaren öffentlichen Ausdruck fand, keineswegs die Verleugnung seines *theologischen Ingeniums* bedeutete, wie manche seiner Freunde befürchteten. Vielmehr setzte er in der Zusammenarbeit mit Brecht auf einer neuen Ebene jene Reihe exemplarischer Beziehungen fort, die er mit seiner Freundschaft zu Fritz Heinle und später zu Florens Christian

Bertolt Brecht, 1931

Rang begonnen hatte und in denen es ihm immer auch um eine Konfrontation deutschen und jüdischen Denkens ging. Im November 1930 kündigte er Scholem an: *Mit meiner nächsten Sendung wirst Du Programm und Statut einer neuen Zeitschrift namens «Krise und Kritik» erhalten, die von Ihering im Verlag Rowohlt als Zweimonatsschrift erstmalig am 15. Januar nächsten Jahres herausgegeben werden soll und mich neben Brecht und zwei, drei andern als Mitherausgeber auf dem Titel nennt. Es wird Dich mit zweideutiger Genugtuung erfüllen, mich da als einzigen Juden unter lauten Gojen zeichnen zu sehen.*[236] Auf Grund finanzieller und organisatorischer Schwierigkeiten, vor allem aber wegen der Unstimmigkeiten der Herausgeber über konzeptionelle Fragen kam das Blatt jedoch nicht über das Projektstadium hinaus, und Benjamin trat Ende Februar 1931 als Mitherausgeber zurück.

Die Mißverständnisse, denen sowohl Benjamins Beziehungen zu Brecht wie die zu Scholem immer wieder ausgesetzt waren, wurden hervorgerufen von dem äußerst gewagten Versuch, die diametral entgegengesetzten Positionen der jüdischen Sprachphilosophie und des dialektischen Materialismus in seinem kritischen Denken zu vereinen. Während

91

er in seinen journalistischen Arbeiten, denen er schon dadurch, daß er sie diktierte und nicht mit der Hand schrieb[237], einen geringeren Status zusprach, sich vorzüglich als materialistischer Historiker und Politiker zu erkennen gab, strebte er in den großen literaturkritischen Essays dieser Jahre eine Synthese von theologischer und materialistischer Dialektik an. Im April 1930 hatte er mit Rowohlt einen Vertrag über die Publikation eines Bandes abgeschlossen, der die wichtigsten Essays sammeln und so seinen Anspruch, Neubegründer der literarischen Kritik in Deutschland zu sein, auch einer größeren Öffentlichkeit dokumentieren sollte.[238] Als zentralen Beitrag für das geplante Buch, das unter anderem auch seine Arbeiten über den Surrealismus und über Keller, Proust, Green und Brecht enthalten sollte, schrieb er Ende 1930, Anfang 1931 seinen Aufsatz über Karl Kraus, der den unter seinen Schriften der Weimarer Zeit radikalsten Versuch einer Synthese von theologischem und materialistischem Denken darstellt. Er wurde im März 1931 im Feuilleton der «Frankfurter Zeitung» vorabgedruckt. Zu der geplanten Buchveröffentlichung kam es nicht mehr, weil der Rowohlt Verlag im Jahre 1931 nach dem Zusammenbruch seiner Hausbank die Zahlungen einstellen mußte und die neugegründete Auffanggesellschaft, die vom Haus Ullstein kontrolliert wurde, nur noch ökonomisch rentable Projekte realisierte.[239] Das aber waren Benjamins Bücher nie gewesen.

In den Worten, mit denen Benjamin den Essay im Februar 1931 Scholem übersandte, kündigte er selbst den Zusammenhang dieses Textes mit seinem Frühwerk an: *Dies ist ein Durchschlag des «Karl Kraus», an dem ich außerordentlich lange, nahezu ein Jahr und den letzten Monat unter völliger Beiseitesetzung sämtlicher persönlicher und materieller Verpflichtungen gearbeitet habe. Es werden da allerhand Stichworte aus einer Zeit vor Dir auftauchen, die man weiß Gott vielleicht schon unsere «Jugend» nennen kann.*[240] Solche Stichworte stellen schon die Überschriften der drei dialektisch aufeinander bezogenen Teile des Essays dar. Als *Allmensch* erscheint Kraus im ersten Teil, weil er die Fähigkeit besitzt, *gesellschaftliche Verhältnisse, doch ohne von ihnen abzugehen, als Naturverhältnisse, ja selbst als paradiesische zu behandeln* und so die entwürdigte Kreatur wieder in ihren ursprünglichen Stand zu versetzen.[241] Antithetisch dazu wird er im zweiten Teil als *Dämon* apostrophiert, insofern er selbst der Natur verfallen ist und deren Zweideutigkeit sein Schreiben überschattet, wie die Polarität von *bloßem Geist* und *bloßem Sexus* in seinem Werk belegt. Schließlich wird er als *Unmensch* bezeichnet, weil er in seinen satirischen Zitaten und im Rollenspiel seiner Operettenrezitationen die Sprache aus der Zweideutigkeit und Verfälschung herausreißt, der sie im Kulturbetrieb und in den Zeitungen unterworfen ist, und sich damit über die rein natürliche Menschlichkeit erhebt. Diese Synthese ist im Sinne von Benjamins negativer Theologie zu verstehen, wonach das sprachkritische Zitieren in gleicher Weise Metapher eines heilsgeschichtlichen Vorgangs ist wie das im *Trauerspielbuch* beschriebene Verfahren der Allegorie. Das Zitat *ruft das Wort beim Namen auf, bricht es zerstörend aus dem Zusammenhang, eben damit aber ruft es dasselbe auch zu-*

rück an seinen Ursprung ... Es spiegelt sich in ihm die Engelsprache, in welcher alle Worte aus dem idyllischen Zusammenhang des Sinns aufgestört, zu Motti in dem Buch der Schöpfung geworden sind.[242]

Diese Theologie des reinen Namens überholt der Kritiker jedoch in einer weiteren Sinnschicht durch die Analyse ökonomischer und gesellschaftlicher Tatbestände, wobei er Kraus vorwirft: *Daß ihm das Menschenwürdige nicht als Bestimmung und Erfüllung der befreiten – der revolutionär veränderten – Natur, sondern als Element der Natur schlechtweg, einer archaischen und geschichtslosen in ihrem ungebrochenen Ursein sich darstellt, wirft ungewisse, unheimliche Reflexe noch auf seine Idee von Freiheit und von Menschlichkeit zurück. Sie ist nicht dem Bereich der Schuld entrückt, den er von Pol zu Pol durchmessen hat: vom Geist zum Sexus.*[243] Die von ihm als Grund solchen Mangels diagnostizierte Uneinsichtigkeit im *soziologischen Bereich* kompensiert der kritische Text, indem er Sprachverderbnis und Verfall der bürgerlichen Welt, über die in der «Fackel» Klage geführt wird, nicht mehr als naturgegeben hinnimmt, sondern als Folge der herrschenden gesellschaftlichen Verfassung ausweist. Benjamin stellt dar, daß die von Kraus so erbittert bekämpfte Zeitungsphrase das notwendige Produkt aus der Diskrepanz zwischen den außerordentlich gesteigerten technischen Reproduktionsmöglichkeiten und deren gesellschaftlicher Organisationsform im Zeichen kapitalistischer Privatinteressen ist. Literaten und Hure, in denen sich in Kraus' Werk *bloßer Geist* und *bloßer Sexus* verkörpern, interpretiert er als allegorische Gestalten, an denen sich die Verwandlung des Menschen in eine *Erscheinung des Tauschverkehrs* ablesen lasse.[244]

Aus dieser materialistischen Analyse, die sich zum erstenmal in seinem Werk ausdrücklich auf Marx beruft, zieht Benjamin die Schlußfolgerung, daß der *reale Humanismus* im Gegensatz zum *klassischen* nur durch die Revolution zu erreichen sei.[245] Diese Einsicht sei Kraus verschlossen geblieben: *... daß es keine idealistische, sondern nur eine materialistische Befreiung vom Mythos gibt und nicht Reinheit im Ursprung der Kreatur steht, sondern die Reinigung, das hat in dem realen Humanismus von Kraus seine Spuren am spätesten hinterlassen.*[246] In der deutlicher materialistischen Manuskriptfassung des Aufsatzes lauten die letzten Worte zutreffender: *... seine Spuren nicht hinterlassen.*[247] Diese Differenz weist darauf hin, daß Benjamin in der endgültigen Fassung des Essays auch sein eigenes früheres Denken kritisiert. Hat doch vor allem in seinem eigenen Werk die *materialistische Befreiung vom Mythos* erst spät ihre Spuren hinterlassen.

Doch auch das ist noch nicht Benjamins letztes Wort. Der Begriff der *Reinigung,* der hier wie in der frühen *Kritik der Gewalt* die gesellschaftliche Funktion der Revolution bezeichnen soll, deutet darauf hin. Am Beispiel der vom *Hochkapitalismus* entwürdigten Zeitung stellt Benjamin fest, daß von *einer ihm obsiegenden Macht* weder die Erneuerung klassischer Sprache noch *eine neue Blüte paradiesischer Allmenschlichkeit* zu erwarten sei. *Von der herrschenden wird sie zu allererst darin sich unterscheiden, daß sie Ideale, die jene entwürdigte, außer Kurs setzt.*[248] Revolution also im Gegensatz zu Marx als Negation des Überlebten, als Unterbrechung der schlechten Geschichte. Den Horizont, vor dem solches verständlich wird, reißt der Kritiker in der Schlußpassage seines Textes auf: *Nicht Reinheit und nicht Opfer sind Herr des Dämons geworden; wo aber Ursprung und Zerstörung einander finden, ist es mit seiner Herrschaft vorüber. Als ein Geschöpf aus Kind und Menschenfresser steht sein Bezwinger vor ihm: kein neuer Mensch; ein Unmensch; ein neuer Engel. Vielleicht von jenen einer, welche, nach dem Talmud, neue jeden Augenblick in unzähligen Scharen, geschaffen werden, um, nachdem sie vor Gott ihre Stimme erhoben haben, aufzuhören und in Nichts zu vergehen.*[249] Wieder werden hier – und nicht zum letztenmal – Klees Bild und die jüdische Legende in eins gesetzt, um jenen kritischen Punkt in Benjamins Denken zu markieren, an dem die revolutionäre Vernichtung des Bestehenden als Vorbereitung des kommenden Messias gedeutet werden kann.

In Benjamins Kraus-Essay sind alle Motive seines bisherigen Werks wie in einer Engführung versammelt. In ihm führt er vor, wie der profane Text als heiliger gelesen werden kann, indem er die weltlichen Motive in ihr äußerstes Extrem, ins materialistische, vortreibt, um sie so theologisch zu retten. Daher die Dichte der Motivverflechtung, die Vielfalt sich überlagernder Sinnschichten, die Treffsicherheit, mit der die Sprache aufgerufen und jedes Ding bei seinem Namen genannt wird. Kraus' Reaktion auf den Essay war enttäuschend. Er tat ihn polemisch und mit ostentativem Unverständnis als «Psychoanalyse» ab.[250] Scholem hingegen wurde durch den Essay veranlaßt, sich in mehreren langen Briefen mit Benjamins Materialismus auseinanderzusetzen, von dem er behauptete, er drücke seiner *Produktion in dieser Zeit den Stempel des Abenteuerlichen, Zweideutigen und Volteschlägerischen* auf.[251] Gegen die wütenden Attacken aus Jerusalem führte Benjamin taktische Gesichtspunkte ins Feld: *Aber willst du mir wirklich verwehren, mit meiner kleinen Schreibfabrik, die da mitten im* Berliner *Westen liegt … willst du mir mit dem Hinweis, das sei ja nicht als ein Fetzchen Tuch, verwehren, die rote Fahne zum Fenster herauszuhängen?*[252] Seine eigentlichen Intentionen jedoch, die sich insgeheim als Fortführungen jüdischer Traditionen verstehen, hat er mit ausdrücklichem Bezug auf den Kraus-Essay in einem Brief an den ihm bekannten Herausgeber der «Neuen Schweizer Rundschau», Max Rychner, angedeutet: *… ich habe nie anders forschen und denken können als in einem, wenn ich so sagen darf, theologischen Sinn – nämlich in Gemäßheit der talmudischen Lehre von den neunundvierzig Sinnstufen jeder Thorastelle. Nun: Hierarchien des Sinns hat meiner Erfahrung nach die abgegriffenste kommunistische Plattitüde mehr als der heutige bürgerliche Tiefsinn, der immer nur den einen der Apologetik besitzt.*[253]

Die wenigen Jahre zwischen der Weltwirtschaftskrise und der Machtergreifung des Nationalsozialismus hat Benjamin selbst als den Höhepunkt seines Lebens angesehen. Nicht nur hatte er seine berufliche Stellung gefestigt und als Kritiker im Kreis um Brecht seiner schriftstellerischen Berufung voll Genüge getan, auch im privaten Bereich hatte er nach der Befreiung aus allen familiären Verwicklungen zu einer ihm

Karl Kraus, um 1930

gemäßen Lebensform gefunden. Dazu trug bei, daß er im Oktober 1930 eine eigene Atelierwohnung in der Prinzregentenstraße 66 in Wilmersdorf beziehen konnte: ... *also um auf das Arbeitszimmer zu kommen, so ist seine Einrichtung zwar noch nicht abgeschlossen, aber schön und bewohnbar ist es. Auch stehen nun meine ganzen Bücher und selbst in diesen Zeiten sind sie mit den Jahren von 1200 – die ich doch längst nicht alle behalten habe – auf 2000 angewachsen. Merkwürdigkeiten hat dies Arbeitszimmer: einmal besitzt es keinen Schreibtisch; im Lauf der Jahre bin ich durch eine Reihe von Umständen, nicht nur durch die Gewohnheit viel im Café zu arbeiten sondern auch durch manche Vorstellungen, die sich an die Erinnerung meines alten Schreibtisch-Schreibens anschließen, dazu gekommen, nur noch liegend zu schreiben. Von meiner Vorgängerin habe ich ein Sofa von wundervollster Beschaffenheit zum arbeiten – zum schlafen ist es ziemlich unbrauchbar – übernommen ...*[254]

Zum Bild der neugefundenen existentiellen Sicherheit gehört auch der

95

Aufbruch zu neuen Erfahrungen, den Benjamin seit 1927 und verstärkt in den Jahren 1930 und 1931 im Haschischrausch suchte. Unter der wissenschaftlichen Überwachung der beiden Ärzte Ernst Joel und Fritz Fränkel nahm er, gelegentlich in Gesellschaft Ernst Blochs oder anderer Bekannter, eine vorher festgesetzte Dosis des Rauschgifts und protokollierte seine Empfindungen während des Rausches. Diese Notizen, auf Grund deren er ein Buch über Haschisch zu schreiben plante, suchen den *Erkenntnisertrag* von Versenkung und Entrückung festzuhalten und lassen in gesteigerter Ausprägung Züge einer ästhetischen Existenzform zutage treten, wie sie für Benjamins damalige Lebensweise charakteristisch ist.[255] Beglückt notiert er den vom Rausch gestifteten Beziehungsreichtum, in dessen Mittelpunkt als *in einem Zentrum aller Ausschweifungen* er sich selber weiß: *Die Menschen und Dinge verhalten sich in solchen Stunden wie jene Holundermark-Requisiten und Holundermark-Männchen im verglasten Stanniolkasten, die durch Reiben des Glases elektrisch geworden sind und nun bei jeder Bewegung in die allerungewöhnlichsten Beziehungen zu einander eintreten müssen.*[256] Der die Rauschbilder Genießende erfährt sich selbst als einen allmächtig über die Welt verfügenden Essayschreiber, der im Kaleidoskop seines Textes immer neue Zusammenhänge aufblitzen läßt.

Das Gefühl der endlich erreichten beruflichen und emotionalen Unabhängigkeit bringt Benjamin zu dem für sein Alter von immerhin fast 40 Jahren überraschenden Geständnis: *Ich könnte sagen – und gewiß haben die materiellen Schwierigkeiten ihren Anteil daran – ich komme mir zum ersten Mal in meinem Leben erwachsen vor. Nicht nur: nicht jung mehr, sondern erwachsen, indem ich eine der vielen in mir angelegten Daseinsformen nahezu realisiert habe ...*[257] Doch das Bild des nach den äußeren Stürmen zur Ruhe gekommenen, nur seiner Arbeit lebenden Intellektuellen trügt. Wie sehr schon dem Glück des Haschischrauschs ein dunkler Hintergrund nicht fehlt, kann man dem am 18. April 1931 im Haschischrausch geäußerten Satz ablesen: *Diesen Rausch wird keiner verstehen können, der Wille zum Erwachen ist gestorben.*[258] Die tiefe Todessehnsucht, die hier zutage tritt, läßt sich in den Tagebuchnotizen wiederfinden, die Benjamin im Mai und Juni desselben Jahres auf einer Reise in Begleitung Wilhelm Speyers, später auch Brechts und seines Kreises an die Côte d'Azur machte. Schon zu Beginn seiner aus Juan-les-Pins datierten Aufzeichnungen spricht er von seiner wachsenden Bereitschaft zum Selbstmord. Als Gründe nennt er die politische Lage in Deutschland, seine *Kampfmüdigkeit an der ökonomischen Front,* aber auch das Gefühl, ein erfülltes Leben gelebt zu haben. Im Gespräch mit Speyer und seinem Vetter, dem Arzt Egon Wissing, erwähnt er die *drei großen Liebeserlebnisse* seines Lebens, gemeint sind die Beziehungen zu Dora, Jula und Asja, denen gleiches nicht mehr folgen könne. Kurze Zeit darauf beginnt er weitere Aufzeichnungen unter der Überschrift *Tagebuch vom siebenten August neunzehnhunderteinunddreißig bis zum Todestag: Sehr lang verspricht dieses Tagebuch nicht zu werden. Heute kam die ablehnende Antwort von Kippenberg* (auf das Angebot, den Essayband zu übernehmen)

Walter Benjamin. Zeichnung von B. F. Dolbin

und damit gewinnt mein Plan die ganze Aktualität, die ihm die Ausweglosigkeit nur geben kann ... Wenn aber etwas die Entschlossenheit, ja den Frieden, mit denen ich an mein Vorhaben denke, noch steigern kann, so ist es kluge, menschenwürdige Verwendung der letzten Tage oder Wochen.[259] In diesen Worten deutet sich eine Lösung des Widerspruchs zwischen der Gelassenheit, die Benjamin in diesen Jahren an den Tag legte, und seiner heimlichen Todessehnsucht an. Für ihn ist der Tod – schon in der *Wahlverwandtschaftenarbeit* spricht er das aus – auf individueller Ebene in ähnlicher Weise die Vernichtung des schlechten Weltzustandes, wie er sie von der Revolution für den Kosmos erwartet. Daher fühlt er sich zu ihm hingezogen, nimmt ihn in glückhafter Form im Rausch und im Schreiben vorweg, die beide Weisen der Abwendung vom Leben sind, in denen dieses zugleich dem Subjekt in gereinigter und gesteigerter Form wiedergegeben wird.

Die Distanz zu seinem bisherigen Leben manifestierte sich noch auf eine andere Weise: Benjamin begann seine Kindheitserinnerungen niederzuschreiben. Den Anstoß dazu gab ein im Oktober 1931 unterzeichneter Vertrag mit der «Literarischen Welt», worin er sich verpflichtete, eine *Berliner Chronik von je 200 bis 300 Zeilen* im Zeitraum *je eines Vierteljahres* einzureichen.[260] Während des Winters kamen die ersten Aufzeichnun-

Wilhelm Speyer, 1930

gen, *die die Geschichte meines Verhältnisses zu Berlin betreffen,* zustande.[261] Im April 1932 brach er aus der ihn immer weniger befriedigenden Situation in Berlin aus und schiffte sich auf einem Frachter von Hamburg aus nach Barcelona ein, von wo er zu einem über dreimonatigen Aufenthalt nach Ibiza fuhr. Hier setzte er die Arbeit an seinen Aufzeichnungen fort. Die fertiggestellten Teile dieser insgesamt fragmentarisch gebliebenen Erinnerungen, die von Gershom Scholem 1970 unter dem Titel *Berliner Chronik* ediert wurden, bestehen aus in sich geschlossenen Berichten über Kindheit, Schulzeit und Jugendbewegung in Berlin.

Der Aufenthalt auf Ibiza, wo er *unter erträglichen Verhältnissen in herrlichster Landschaft für knappe 70 oder 80 Mark im Monat leben* konnte, war für Benjamin so etwas wie ein freiwillig vorweggenommenes Exil. Es erschien ihm ein *Gebot der Vernunft, die Eröffnungsfeierlichkeiten des dritten Reichs durch Abwesenheit zu ehren*[262]. Ende Juli 1932, kurz nach seinem 40. Geburtstag, kehrte er von der Insel nach Frankreich zurück, um in einem Hotel in Nizza den schon mehrfach erwogenen Plan, freiwillig aus dem Leben zu scheiden, in die Tat umzusetzen. Den letzten Ausschlag für diesen Entschluß dürfte die Tatsache gegeben haben, daß sich ihm durch die schleichende Machtübernahme der Nationalsozialisten, besonders seit dem Staatsstreich Papens in Preußen am 20. Juli 1932, die Arbeitsmöglichkeiten mehr und mehr verschlossen. In einem Brief vom

26. Juli an Scholem ist *von der tiefen Müdigkeit,* die ihn befallen habe, die Rede. Seine Arbeiten seien *Siege im Kleinen gewesen, aber ihnen entsprechen die Niederlagen im Großen,* wozu er insbesondere die unvollendet gebliebenen Bücher *Pariser Passagen, Gesammelte Essays zur Literatur* und *ein höchst bedeutsames Buch über das Haschisch* rechnet. Sie bezeichneten *die eigentliche Trümmer- oder Katastrophenstätte* seines Lebens.[263] Einen Tag nach dieser verzweifelten Bestandsaufnahme verfaßte er sein Testament, in dem er Scholem alle seine Manuskripte vermachte, setzte in einem Brief Egon Wissing als seinen Testamentsvollstrecker ein und schrieb kurze Abschiedsgrüße an Ernst Schoen, Franz Hessel und Jula Cohn, die Menschen, denen er sich am nächsten fühlte. In dem Brief an Jula heißt es: *Du weißt daß ich Dich einmal sehr geliebt habe. Und selbst im Begriffe zu sterben, verfügt das Leben nicht über größere Gaben als die Augenblicke des Leidens um Dich ihm verliehen haben.*[264]

Warum er die Tat nach diesen Ankündigungen und minuziösen Vorbereitungen nicht ausführte, bleibt ungewiß. Einigen Aufschluß mag immerhin der ein Jahr zuvor geschriebene Schlußsatz einer kurzen Aufzeichnung bieten, in dem er resignierend feststellt: *Der destruktive Charakter lebt nicht aus dem Gefühl, daß das Leben lebenswert sei, sondern daß der Selbstmord die Mühe nicht lohnt.*[265] Anfang August reiste Benjamin in den italienischen Badeort Poveromo, wo er bis Mitte November mit Wilhelm Speyer an einem Kriminalstück arbeitete. Nebenher entstanden die ersten kurzen Prosatexte der *Berliner Kindheit.* Am 26. September berichtete er Scholem, der sich den Sommer über in Europa aufgehalten hatte, mit dem zusammenzutreffen Benjamin aber trotz seiner gegenteiligen Beteuerungen vermied, von seinem neuen Buch: *Es ist nicht nur ein schmales sondern noch dazu eines in kleinen Stücken: eine Form, zu der mich erstens der materiell gefährdete, prekäre Charakter meiner Produktion, zweitens die Rücksicht auf ihre marktmäßige Verwertbarkeit immer wieder führt ... im übrigen hoffe ich aber, von diesen Kindheitserinnerungen – von denen du soviel gemerkt haben wirst, daß sie keineswegs chronistisch erzählen sondern einzelne Expeditionen in die Tiefe der Erinnerung darstellen – daß sie als Buch, vielleicht bei Rowohlt, werden erscheinen können.*[266] In diesen Zeilen ist der entscheidende Hinweis auf die Tendenz der Umarbeitung von der *Berliner Chronik* zur *Berliner Kindheit* schon gegeben. Durch sie wird der Text zu einem diskontinuierlichen, der in seiner Kurzform das mystische Nu des Augenblicks, des erinnerten der Kindheit wie des gelebten, in dem der Erinnernde sich seiner Vergangenheit bemächtigt, nachzubilden sucht.

Die Nähe der Grunderfahrung, die die Form des Buches bestimmt, zu der des Todes ist evident, auch wenn Benjamin auf sie nicht eigens in seiner *Rede über Proust an meinem vierzigsten Geburtstag gehalten* aufmerksam gemacht hätte, in der er von der mémoire involontaire sagt: *Und gerade die wichtigsten – die in der Dunkelkammer des gelebten Augenblicks entwickelten – Bilder sind es, welche wir zu sehen bekommen ... Und jenes «ganze Leben» das, wie wir oft hören, an Sterbenden oder an Menschen, die in der Gefahr zu sterben schweben, vorüberzieht, setzt sich genau aus diesen kleinen Bildchen zusammen.*[267] Damit gibt Benjamin die genaueste historische Situierung der eigenen Kindheitserinnerungen. Sie sind inspiriert von Prousts «Suche nach der verlorenen Zeit». Aber die Kontinuität, die bei diesem das großbürgerliche Individuum als Autor garantiert, ist in der Grenzsituation der Bedrohung seines individuellen Lebens und der Bedrohung ganzer Klassen und Völker zerbrochen. Angesichts des Todes stellt der zu seiner absoluten Verlassenheit in der geschichtlichen Welt erwachte Autor – als solchen beschreibt er sich in dem Text *Der Mond* in der Gestalt des in der Nacht erwachten Kindes –, das Ganze seines abgelaufenen Lebens in der Konstellation der je blitzartig erinnerten Kindheitsaugenblicke. Die Doppelung des Autoren-Ich, in der es in die Extreme seines Anfangs und seines virtuellen Untergangs entfaltet und zugleich in seiner grundlegenden Einheit gedacht wird, findet ihre objektive Entsprechung darin, daß die ambivalente Dämmerung der geschichtlichen Welt in Benjamins Erinnerungstexten scharf in Hell und Dunkel getrennt wird. In ihnen erscheint die Natur im paradiesischen Licht einer imaginierten Kindheit und zugleich im *Aschenlicht* ihres Untergangs – so ausdrücklich formuliert im *Kaiserpanorama;* die Geschichte enthüllt sich, wie *Die Siegessäule* ausweist, als die *Hölle* der Besiegten und zugleich als Friedensfest eines *ewigen Sonntags.*

Das Janusgesicht der Erfahrung, ihr zugleich nichtiger und utopischer Gehalt, bestimmt als bipolare Struktur die Tektonik des ganzen Buches, das an seinem Beginn vorwiegend die Texte versammelt, die das Glück der Kindheit, ihren paradiesischen Charakter betonen, während es gegen Ende mehr und mehr die Erfahrung der Nichtigkeit hervortreten läßt. Das Schreiben seiner Kindheitserinnerungen signalisiert so für Benjamin das Ende einer lebensgeschichtlichen, ja einer weltgeschichtlichen Epoche. Doch wird auch diese Vernichtung der eigenen Lebenszeit noch als heilbringend erfahren. Rückt sie doch negierend die Entstellung der Welt zurecht, wie sie der letzte Text, *Das bucklichte Männlein,* der gegen Ende des 19. Jahrhunderts gelebten Kindheit nachsagt.

Auch nach seiner Rückkehr nach Berlin in den Wintermonaten 1932/ 33 hat Benjamin an seinem Buch weitergearbeitet. Im Dezember 1932 sandte er die 24 bis dahin vollendeten Stücke an Scholem und bat um kritische Stellungnahme. Nach weiteren drei Monaten beendete er die Arbeit vorläufig und meldete nach Jerusalem, das Buch habe mit der Zahl von 30 Texten seine gültige Gestalt erreicht.[268] Gleichzeitig verkaufte er es an die «Frankfurter Zeitung», die daraus im Februar und März 1933 drei Folgen mit insgesamt zwölf Stücken und bis zum August 1934 noch sechs weitere Einzelstücke unter Pseudonymen publizierte. Auch im ersten Jahr des Exils hat er das geplante Buch noch um weitere Texte vermehrt, um es im Jahre 1938 in der neuerlichen Hoffnung auf eine Veröffentlichung *eingehend* umzuarbeiten und wieder auf 30 Texte zu reduzieren.[269] Die von ihm so sehr gewünschte Publikation dieses seines persönlichsten Werkes in Buchform ist jedoch erst postum 1950 in einer von Theodor W. Adorno besorgten Ausgabe zustande gekommen.

Emigration: Die Theorie
der nicht auratischen Kunst (1933–1937)

Am 17. März 1933 verließ Benjamin auf Drängen von Gretel Karplus, der späteren Frau Adornos, Berlin, um nach kurzem Aufenthalt in Paris zusammen mit Jean Selz und dessen Frau, die er im Sommer zuvor auf Ibiza kennengelernt hatte, sein altes Inselrefugium aufzusuchen. Zu dieser Flucht sah er sich nicht durch unmittelbare physische Bedrohung, sondern durch die kulturpolitischen Folgen der nationalsozialistischen Machtübernahme veranlaßt, durch die ihm alle Arbeits- und Publikationsmöglichkeiten beschnitten wurden. Aus Paris berichtete er nüchtern und in realistischer Einschätzung der eigenen Situation: *Einen Begriff von der Lage gibt weniger der individuelle Terror, als die kulturelle Gesamtsituation. Über den erstern ist schwer, absolut Zuverlässiges in Erfahrung zu bringen. Unbezweifelt sind die zahlreichen Fälle, in denen Leute nachts aus ihren Betten geholt und mißhandelt oder ermordet werden ... Was mich betrifft, so sind es nicht diese – seit langem mehr oder minder absehbaren – Verhältnisse gewesen, die in mir, und zwar erst vor einer Woche, in unbestimmten Formen, die Entschließung, Deutschland zu verlassen zur schleunigsten Entfaltung gebracht haben. Es war vielmehr die fast mathematische Gleichzeitigkeit, mit der von allen überhaupt in Frage kommenden Stellen Manuscripte zurückgereicht, schwebende, beziehungsweise abschlußreife Verhandlungen abgebrochen, Anfragen unbeantwortet gelassen wurden. Der Terror gegen jede Haltung oder Ausdrucksweise, die sich der offiziellen nicht restlos angleicht, hat ein kaum zu überbietendes Maß angenommen.*[270]
Auf Ibiza nahm er seinen alten Lebensstil wieder auf. Er wohnte in einfachsten Verhältnissen bei Bekannten oder in einem halb fertiggestellten Rohbau, sah sich in Begleitung eines jungen Mannes, des Enkels von Paul Gauguin, die Insel an, flirtete mit einer Frau, die er sogar in seine *Angelologie* einzuführen gedachte, und arbeitete unter anderem mit Selz an der französischen Übersetzung der *Berliner Kindheit*.[271] Wie sich bald herausstellte war der Boykott seiner Arbeiten in Deutschland weniger total, als er zunächst gefürchtet hatte. So brachten sowohl die «Vossische Zeitung» als auch die «Frankfurter», letztere sogar bis 1935, seine Rezensionen und Kurzprosa, allerdings unter wechselnden Pseudonymen. Von den Honoraren dieser Veröffentlichungen und durch den Verkauf einer umfangreichen Autographensammlung, den er in Berlin durch einen alten Bekannten abwickeln ließ, konnte er sein anspruchsloses Leben auf

der Insel finanzieren. Erst als er gegen Ende September, von der *trostlosen Ernährung* und einer fiebrigen Entzündung geschwächt, mit einem Anfall von Malaria nach Paris zurückkam, traf ihn das Elend des Exils in voller Härte. Am 20. Oktober schrieb er einer Bekannten: *Das Fieber ist inzwischen überwunden und die Ermattung ... läßt mir genau die Kraft, der trostlosen Lage inne zu werden, doch keineswegs die, sie zu überwinden, indem ich nicht einmal die Treppenstufen der billigen Hotels ersteigen kann in denen ich mein Unterkommen wählen muß. Was von Juden und für Juden hier geschieht, kann man vielleicht am besten als fahrlässige Wohltätigkeit bezeichnen. Es verbindet mit der Perspektive auf Almosen – die selten eingelöst werden – das Höchstmaß an Demütigungen und es bleibt für ehemalige Angehörige der Bürgerklasse ewig denkwürdig, deren mit Juden befaßten Außenforts zu studieren.*[272] Eine Unterstützung von 700 Francs monatlich, die ihm von Februar bis April 1934 durch die Alliance Israélite gewährt wurde, war alles, was er von dieser Seite erhielt.[273]

Es ging für Benjamin nunmehr vor allem darum, sich neue Publikations- und Verdienstmöglichkeiten zu eröffnen. Wenn er dabei von Anfang an die *Chancen einer Tätigkeit in Frankreich* äußerst skeptisch beurteilte, so sollten ihm die Ereignisse nur allzu recht geben.[274] Einen Vortragszyklus über *L'avantgarde allemande* (Kafka, Bloch, Brecht, Kraus), den er im März 1934 auf Subskription in einem privaten Pariser Salon abzuhalten plante, mußte er im letzten Augenblick absetzen.[275] Sein Anfang 1935 in französischer Sprache für die «Nouvelle Revue Française» geschriebener Bachofen-Essay wurde schließlich vom Auftraggeber abgelehnt.[276] Als ähnlich unzugänglich erwies sich die Exilpresse. Klaus Mann sandte ihm seine schon für «Die Sammlung» gesetzte Rezension von Brechts «Dreigroschenroman» kommentarlos zurück, als er es wagte, statt der angebotenen 150 ein Honorar von 250 Francs zu fordern. Erst gegen Ende der dreißiger Jahre gelang es ihm, einige wenige Rezensionen und eine Textfolge aus der umgearbeiteten *Berliner Kindheit* in Thomas Manns Zeitschrift «Mass und Wert» unterzubringen. Auch hier bestätigte sich seine Analyse, daß im Exil *die Desorganisation des Marktes ... nur noch der Belletristik einigen Spielraum übriggelassen* habe.[277]

Größere Hoffnungen hatte Benjamin in die kommunistische Presse gesetzt. Zwar hatte er selbst eine geplante Arbeit über den Baron Haussmann für die Parteizeitung «Le Monde» wegen des *allzu unzuverlässigen Eindrucks*, den die Redaktion auf ihn machte, Anfang 1934 beiseite gelegt.[278] Das hinderte ihn jedoch nicht, ein Jahr später durch Asja Lacis und Egon Wissing die Arbeitsmöglichkeiten in der Sowjet-Union erkunden zu lassen. Vor allem aber war er der Meinung, daß die kommunistische Öffentlichkeit das eigentliche Forum sei, vor das ein Teil seiner damals entstehenden Arbeiten gehöre. So machte er sich Hoffnungen, sein programmatischer Essay *Das Kunstwerk im Zeitalter seiner technischen Reproduzierbarkeit* könne durch die Vermittlung Bernhard Reichs in der deutschen Ausgabe der Moskauer Zeitschrift «Internationale Literatur» gedruckt werden.[279] Als die auf den sozialistischen Realismus eingeschworenen Herausgeber der Zeitschrift ihn ablehnten, mußte er resigniert feststellen, daß die Arbeit *dort, wohin sie zuständig ist, in Rußland, am wenigsten ausrichten* werde.[280] Lediglich 1936 gelang es ihm, auf Grund der Intervention Brechts, den ersten Teil der *Pariser Briefe* in dem Moskauer Sprachrohr der Volksfront, «Das Wort», unterzubringen. Der von der Redaktion, der auch Brecht angehörte, in Auftrag gegebene zweite Teil wurde schon nicht mehr gedruckt, und alle Versuche Benjamins, die zweite Fassung seines *Kunstwerkaufsatzes* oder seine *Brecht-Kommentare* dort unterzubringen, blieben erfolglos.

Kaum wirkungsvoller waren Scholems Versuche, dem in Bedrängnis geratenen Freund Publikationsmöglichkeiten in jüdischen Verlagen und Zeitschriften zu eröffnen. Zwar gelang es ihm, den Chefredakteur der weit verbreiteten «Jüdischen Rundschau», Robert Weltsch, dazu zu bewegen, Benjamin zum zehnten Todestag Kafkas mit einem Gedenkartikel zu beauftragen. Zur großen Enttäuschung Benjamins, der in ihm einen der zentralen Gegenstände seines Denken formuliert zu haben

Walter Benjamin auf Ibiza. Zeichnung von Jean Selz, 1933

glaubte, wurde er jedoch nur in Auszügen gedruckt. Im Herbst 1934 mußte Benjamin Scholem berichten: *Wenn ich dir aber mitteile, daß Weltsch geglaubt hat, mir für den fragmentarischen – und um die Hälfte zu kürzenden – Abdruck des Kafka ein Honorar von 60 Mk aussetzen zu sollen, so wirst du verstehen, daß die eingehende Beschäftigung mit Gegenständen der reinen Literatur für mich in Gestalt der Kafka-Arbeit zunächst ihren Abschluß gefunden haben dürfte.*[281] Weitere Arbeiten Benjamins erschienen in der jüdischen Presse nicht mehr. Ergebnislos verliefen auch die Versuche Scholems, seinen Freund als Autor oder Herausgeber bei der Schocken-Bücherei unterzubringen.

Eine ernsthafte Arbeitsmöglichkeit eröffnete sich für Benjamin einzig durch seine Verbindung zu dem von Max Horkheimer geleiteten Institut für Sozialforschung, das schon frühzeitig sein Stiftungskapital nach Holland transferiert hatte und 1933 aus Frankfurt nach Genf und ein Jahr später nach New York emigriert war. Noch vor seiner Exilierung hatte Benjamin im Spätherbst 1932 auf Betreiben Adornos, der als einer der wenigen jüngeren Intellektuellen Benjamins philosophische Bedeutung frühzeitig erkannt hatte, sich mit Max Horkheimer getroffen. Bei dieser ersten Unterredung hatte er mit dem Institutsleiter *eine Soziologie der französischen Literatur* zur Publikation in der 1932 gegründeten «Zeitschrift für Sozialforschung» verabredet. Dieser Aufsatz, den Benjamin,

Benjamin mit Jean Selz und dessen Frau auf Ibiza, Sommer 1933

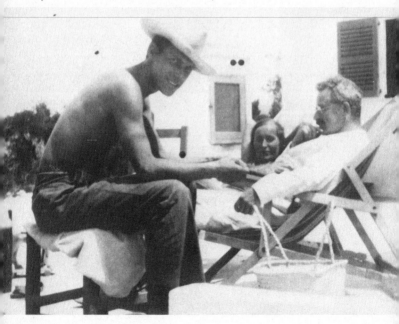

nur mit dem notdürftigsten Quellenmaterial versehen, während des Sommers 1933 auf Ibiza schrieb, erschien unter dem Titel *Zum gegenwärtigen gesellschaftlichen Standort des französischen Schriftstellers* im ersten Heft des Jahrgangs 1934 der Zeitschrift. In jedem ihrer weiteren Jahrgänge bis 1937 ist Benjamin mit einem umfangreichen Essay und mehreren Rezensionen vertreten. In ihrer letzten in Europa erschienenen Ausgabe, dem Doppelheft 1/2 des Jahrgangs 1939/40, wurde schließlich neben der Einleitung zu Carl Gustav Jochmann sein spätester Essay *Über einige Motive bei Baudelaire* publiziert.

Gerade weil Benjamin im Exil für seine Arbeit fast ausschließlich auf das Institut für Sozialforschung und dessen Publikationsorgan angewiesen war, blieben Spannungen und Meinungsverschiedenheiten mit der New Yorker Leitung nicht aus. Horkheimer forderte aus Rücksicht auf die schwierige Stellung des Instituts im Ausland zahlreiche Änderungen und die Streichung ganzer Abschnitte in Benjamins Essays, wogegen dieser jedesmal vehement protestierte. Die Publikation der drei fertiggestellten Kapitel des Baudelaire-Buchs wurde von Horkheimer und Adorno aus grundsätzlichen philosophischen und methodologischen Bedenken kompromißlos abgelehnt, so daß Benjamin sich zu einer völligen Neufassung entschließen mußte. Trotz des Ärgers und der Demütigungen, denen er sich auf diese Weise ausgesetzt sah, machte er sich schließlich stets die Einwände der New Yorker mit der Beteuerung zu eigen: *Ihre Hinweise sind für mich natürlich maßgebend.*[282] Für Benjamins Verhalten dürfte seine Solidarität mit den theoretischen und politischen Positionen des engeren Kreises der Institutsangehörigen die entscheidende Rolle gespielt haben. Wie diesen ging es ihm darum, die von der Vernichtung bedrohte europäische Kulturtradition durch ihre Aufhebung in einem unorthodoxen materialistischen Denken zu retten. Zudem hatte sich im Laufe der Jahre die Freundschaft zu Adorno, genährt von dessen Hilfe in lebenspraktischen Dingen, vor allem in den Finanzverhandlungen mit der Institutsleitung, und seiner Anteilnahme in theoretischen Fragen, so sehr vertieft, daß er zeitweilig Benjamins einziger vertrauter Gesprächspartner war.

Dennoch bleibt eine gewisse Reserve Benjamins spürbar. So beendigte er die Diskussion mit Horkheimer über den *Kunstwerkaufsatz* mit der Versicherung: *Und wenn ich sage: ich bin gewillt, das Mißverständnis wieder gutzumachen, so halte ich an der Hoffnung fest ... daß es sich in der Tat um ein solches einzig und allein handelt ... Lassen Sie mich mit der Hoffnung schließen, das treue Bild, das Sie von meiner Beziehung zu Ihnen und von meinem Verhältnis zum Institut bisher hatten, möchte aus diesen Vorgängen ohne Trübung wieder zu Tage treten.*[283] Die beinahe unterwürfige Entschuldigung läßt ahnen, daß sich Benjamin auch dem Institut gegenüber in einer Zwangslage befand. Zum einen hatte er durch bittere Erfahrung gelernt, für die von ihm mit absolutem Vorrang bedachte Publikation seiner Texte Zugeständnisse zu machen. So kommentierte er Klaus Manns Zurückweisung seiner Rezension des «Dreigroschenromans» 1935 in einem Brief an Brecht: *Selbstverständlich hätte ich die Zumutung*

Max Horkheimer, 1931   *Theodor W. Adorno, um 1935*

*von Mann eingesteckt, wenn ich das Ergebnis vorausgesehen hätte. Ich
habe mich für dieses Leben nicht klug genug erwiesen und das an einem
Punkt, an welchem Klugheit mir viel wert gewesen wäre.*[284] Inzwischen war
er klüger geworden und gab den Einwänden der Institutsleitung nach, um
seine Veröffentlichungen nicht zu gefährden.

Hinzu kam, daß er finanziell in dem Maße stärker vom Institut abhängig wurde, als sich ihm andere Einkommensquellen verschlossen. In den
ersten Jahren des Exils sah er sich gezwungen, sein Leben an der unteren
Grenze des Existenzminimums zu fristen. Zeitweise wohnte er bei seiner
ebenfalls nach Paris emigrierten Schwester Dora oder bei anderen Emigranten zur Untermiete. Seit dem Frühjahr 1934 bezog er eine *monatliche
Rente von frs. 500,–* vom Institut, außerdem *ergänzende Zuwendungen*
für Reisen, Bücheranschaffungen und die Überführung seiner Bibliothek.[285] Diese Summe reichte jedoch nicht aus, um ihm in allen Fällen den
erwünschten Aufenthalt in Paris zu ermöglichen, wo ihm die Bibliothèque Nationale als *ersehntester Arbeitsplatz* galt.[286] So lebte er im Winter 1934/35 fast fünf Monate und auch später noch gelegentlich in San
Remo in der von seiner geschiedenen Frau Dora geleiteten Pension, wo
er von allen Produktionsmitteln und Gesprächspartnern abgeschnitten
war. Selbst bei dem Entschluß, die Sommermonate 1934 und 1936 in
Brechts dänischem Exil in Skovsbostrand zu verbringen, spielten finanzielle Erwägungen eine nicht zu unterschätzende Rolle.

In den Jahren 1935 bis 1937 schrieb Benjamin kaum einen Brief nach
New York, ohne über seine ökonomische Misere zu klagen. So setzte er
etwa im Juni 1937, als das Institut ihm 1000 Francs monatlich zahlte, sein

Existenzminimum mit 1500 Francs an.[287] Bedrückender noch war die ständige Unsicherheit, ob das Institut überhaupt bereit sei, seine Unterstützung fortzusetzen. Es muß für ihn daher eine wesentliche Erleichterung gewesen sein, als im Herbst 1937 nach der Ablieferung des schon lange in Auftrag gegebenen *Fuchsessays* Friedrich Pollock, der für Finanzfragen zuständige Direktor, ihm ein monatliches Stipendium von 80 Dollar aussetzte – eine Summe, die immer noch weitaus geringer war als das Gehalt der festangestellten Mitarbeiter – und ihm zugleich *die Stelle eines ordentlichen Mitarbeiters am Institut* zusicherte.[288]

Die Verarmung brachte es mit sich, daß Benjamin mehr und mehr den Kontakt zu seinen früheren Freunden und Gesprächspartnern, vor allem zu dem Kreis um Brecht, verlor. Aus Paris schreibt er im Januar 1934, und solche und ähnliche Klagen ziehen sich als Leitmotiv durch viele Briefe des Exils: *Ich bin kaum je so vereinsamt gewesen wie hier. Wenn ich Gelegenheiten suchen würde, mit Emigranten im Cafe zu sitzen – die wären leicht beschaffbar. Aber ich meide sie.*[289] Statt dessen widmete er seine Zeit fast ausschließlich dem Studium, der Lektüre entlegenster Quellen und deren Kommentierung für sein Hauptwerk, die *Passagenarbeit*, die er im Winter 1934/35 in San Remo wiederaufgenommen hatte. Wenn er Horkheimer gegenüber bemerkt, *Jahre und Lebenslage* hätten es bewirkt, daß die *Arbeit im Haushalt des Lebens einen immer größeren Raum einnimmt*[290], so umschreibt er damit eine Existenzform, auf die hin sein Leben schon lange angelegt war, die aber erst unter den bedrückenden Umständen des Exils ihre radikale Vollendung gefunden hatte.

So sind die Erfahrungen, die er als Intellektueller in der Weimarer Republik gemacht hatte, hier ins Extrem getrieben. Der Entwurf einer Theorie des nicht auratischen Kunstwerks, den er in den großen Essays der ersten Exiljahre liefert, trägt dem Rechnung. In seinem ersten für die «Zeitschrift für Sozialforschung» geschriebenen Aufsatz resümiert und radikalisiert er die soziologische Theorie, die seinen früheren Kritiken und Rezensionen zugrunde lag. Durch die Untersuchung des *gesellschaftlichen Standorts des französischen Schriftstellers* vom rechten Konservativismus eines Barrès über den bürgerlichen Liberalismus eines Julien Benda bis hin zum kommunistischen Engagement Gides, Malraux' und der Surrealisten erweist er den *Untergang der freien Intelligenz,* der *wenn nicht allein, so doch entscheidend, wirtschaftlich bedingt* ist, als gemeinsames Thema der jüngsten französischen Literatur.[291] Weder vertrete der Intellektuelle, wie er das im Zeitalter einer ungefährdeten Herrschaft der Bourgeoisie tat, deren *menschlichste Interessen,* noch könne er sich völlig dem Proletariat assimilieren. *Daher bildete sich die Fata morgana eines neuen Emanzipiertseins, einer Freiheit zwischen den Klassen, will sagen, der des Lumpenproletariats. Der Intellektuelle nimmt die Mimikry der proletarischen Existenz an, ohne darum im mindesten der Arbeiterklasse verbunden zu sein.*[292]

Dieser Befund, in dem Benjamin die eigene gesellschaftliche Situation auf den Begriff bringt, ist für ihn das sprechende Merkmal einer weltgeschichtlichen Krisensituation, in der über Rettung oder Untergang der

Der große Lesesaal der Bibliothèque Nationale in Paris

Menschheit entschieden wird. In ihr muß auch dem Künstler und der Kunst eine neue Funktion zukommen. So arbeitete Benjamin in der Rede *Der Autor als Produzent* (1934) und in den programmatischen Thesen des Aufsatzes über *Das Kunstwerk im Zeitalter seiner technischen Reproduzierbarkeit* (1936) die Kategorien einer ästhetischen Theorie aus, die endgültig Abschied nimmt vom traditionellen Werkbegriff. In seiner Konstruktion, die in Weltaltern rechnet, definiert er die Kunst von der Antike bis in die Gegenwart von ihrem kultischen Ursprung her. Als etwas Autonomes, kontemplativ Rezipiertes hat das Kunstwerk in seiner Einmaligkeit stets die theologischen Implikationen bewahrt, die es von Anfang an bestimmten. Wenn Benjamin solches als Aura bezeichnet und diese als *einmalige Erscheinung einer Ferne, so nah sie sein mag,* definiert[293], so faßt er in dieser Formel die herkömmliche Kunst als das, was sie immer gewesen, aber nicht immer verstanden worden ist: als die stets auch verweltlichte, verdunkelte Erscheinung eines Göttlichen. Demgegenüber stellen Benjamins Thesen den Versuch dar, ausgehend von der Analyse neuester künstlerischer Verfahren – Brechts episches Theater und Chaplins groteske Filmkunst dienen ihm als Beispiele – die Kunst als ein völlig säkulares Medium zu begreifen, das heißt als eines der politischen Revolution.

Dieser Theorie, so revolutionär sie sich gebärdet, liegt noch immer der aufklärerische Optimismus zugrunde, das privilegierte Mittel gesellschaftlicher Veränderungen sei die Kunst. Am Beispiel des Films, dessen Gehalt und Form erstmals völlig von den technischen Reproduktionsmitteln bestimmt werden, analysiert Benjamin den radikalen Umbruch der künstlerischen Produktions- und Rezeptionsweisen. Der Film wird in einer kollektiven Anstrengung produziert. Der Schauspieler wendet sich nicht mehr direkt an ein Publikum, sondern spielt seine Rolle als *Testleistung* vor einer *Apparatur,* hinter der sich ein Gremium von Sachverständigen verbirgt. In der *simultanen Kollektivrezeption,* die für das Anschauen des Films charakteristisch ist, findet Benjamin im *Gelächter* und in der Chockwirkung Ansätze dafür, daß das Publikum *im Rezipieren sich selbst organisiert und kontrolliert.* Diesem Vorgang spricht er unmittelbar die Wirkung einer politischen Katharsis zu: *Wenn man sich davon Rechenschaft gibt, welche gefährlichen Spannungen die Technisierung mit ihren Folgen in den großen Massen erzeugt hat – Spannungen, die in kritischen Stadien einen psychotischen Charakter annehmen – so wird man zu der Erkenntnis kommen, daß diese selbe Technisierung gegen solche Massenpsychosen sich die Möglichkeit psychischer Impfung durch gewisse Filme geschaffen hat, in denen eine forcierte Entwicklung sadistischer Phantasien oder masochistischer Wahnvorstellungen deren natürliches und gefährliches Reifen in den Massen verhindern kann. Den vorzeitigen und heilsamen Ausbruch derartiger Massenpsychosen stellt das kollektive Gelächter dar.*[294]

Der illusionäre Charakter dieser und ähnlicher Sätze, wenn man sie als Diagnose der Wirkungen von Chaplins Filmen nimmt, ist unmittelbar einleuchtend. Es wäre jedoch ein Mißverständnis, sie nur als einen Befund aktueller ästhetischer Phänomene zu lesen. Benjamin besteht vielmehr ausdrücklich auf ihrem *prognostischen Wert.* Es gehe ihm darum, in einer historischen Umbruchssituation Aussagen *über die Entwicklungstendenzen der Kunst unter den gegenwärtigen Produktionsbedingungen* zu machen.[295] Schon in seiner Rede *Der Autor als Produzent* hatte er als deren Ziel *die Literarisierung der Lebensverhältnisse* definiert, die er beispielhaft in den sowjetischen Arbeiterkorrespondenzen verwirklicht fand. Seine positive Bewertung der Literaturverhältnisse in der Sowjet-Union übernimmt er als utopischen Kern in den *Kunstwerkaufsatz,* wobei er allerdings die Bezüge auf ihr Ursprungsland unterdrückt, die in dem für das linkskommunistische «Institut zum Studium des Fascismus» gedachten Vortrag noch klar zutage getreten waren.[296] In seiner programmatischen Äußerung zur ästhetischen Theorie spricht er ganz allgemein davon, *daß es kaum einen im Arbeitsprozeß stehenden Europäer gibt, der nicht grundsätzlich irgendwo Gelegenheit zur Publikation einer Arbeitserfahrung, einer Beschwerde, einer Reportage oder dergleichen finden könnte. Damit ist die Unterscheidung zwischen Autor und Publikum im Begriff, ihren grundsätzlichen Charakter zu verlieren. Sie wird eine funktionelle, von Fall zu Fall so oder anders verlaufende. Der Lesende ist jederzeit bereit ein Schreibender zu werden.*[297] Erst in dieser Fassung enthüllt sich der utopische Gehalt des Gesagten ganz: Daß jeder sollte schreiben können, will sagen, daß die gesellschaftlichen Antinomien wie auch der

Die Kundgebung der Jugend zum Nazireichsparteitag in Nürnberg, 1936

Gegensatz zwischen Mensch und Natur nicht mehr mit Gewalt, sondern im rationalen Diskurs des Schreibens ausgetragen werden. So hat die theologische Hoffnung auf ein gewaltfreies Paradies in der Ausarbeitung der organisierenden Funktion des Kunstwerks ihre äußerste, radikal säkularisierte Gestalt gefunden.

Benjamins Bild vom Arbeiterschriftsteller ist der kämpferische und zugleich friedliche Gegenentwurf zur gesellschaftlichen Idealfigur des Arbeitersoldaten, wie sie der Faschismus in seiner propagandistischen Literatur und Kunst zeichnete. Seine Betonung der *Zertrümmerung der Aura* sollte der fatalen Auratisierung des Führers und der von ihm hypnotisierten Massen entgegenwirken, die der faschistische Rundfunk, mehr noch der Film in Wochenschauen und in den Werken Leni Riefenstahls in Szene setzte. Sein Bestehen auf der politisch fortschrittlichen Tendenz der avanciertesten künstlerischen Techniken sollte deren vom Futurismus betriebene Indienstnahme für eine *Ästhetik des Krieges* verhindern. Insofern haben die Neuerungen der literarischen Technik, die er vorschlägt, ihren präzisen politischen Bezugspunkt: *Ein Autor, der die Schriftsteller nichts lehrt, lehrt niemanden. Also ist maßgebend der Modellcharakter der*

Produktion, der andere Produzenten erstens zur Produktion anzuleiten,
zweitens einen verbesserten Apparat ihnen zur Verfügung zu stellen ver-
mag. Und zwar ist dieser Apparat um so besser, je mehr er Konsumenten
der Produktion zuführt, kurz aus Lesern oder aus Zuschauern Mitwir-
kende zu machen imstande ist.[298]

In dieser Formulierung verbirgt sich eine zweite polemische Stoßrich-
tung, die gegen den sozialistischen Realismus. Wenn Benjamin in einem
vom Faschismus bedrohten Westeuropa und in einer von Stalin beherrschten Sowjet-Union, über deren düstere politische Perspektiven er
sich, wie briefliche Äußerungen aus dem Sommer 1936 zeigen[299], keinen
Illusionen hingab, dennoch für Arbeiterkorrespondenzen und Reporta-
gen als zukunftsweisende Literaturformen plädierte, so hob er damit eine
Praxis in seiner Theorie auf, die nach den Attacken von Georg Lukács in
ihrem Ursprungsland und in der westeuropäischen Kulturpolitik der
Kommunisten im Zeichen des Volksfrontbündnisses längst verfemt war.
Deshalb bestand er darauf, daß sein Aufsatz eigentlich in Rußland erscheinen müsse. Deshalb sein vergeblicher Versuch, ihn im Moskauer
«Wort» zu veröffentlichen, wo zu eben dieser Zeit in der sogenannten
Expressionismusdebatte die Entscheidung über die zukünftige marxistische Ästhetik fiel. Deshalb schließlich das ungewöhnliche Unternehmen,
seine Thesen im Pariser «Schutzverband deutscher Schriftsteller» zur Debatte zu stellen, wo sie, wie er nüchtern registrierte, von *den Parteimitglie-*
dern unter den Schriftstellern boykottiert wurden.[300]

So blieb Benjamin für die Verbreitung seiner Thesen auf ihre von
Pierre Klossowski angefertigte französische Übersetzung angewiesen, die
1936 nach längerem Hin und Her in der «Zeitschrift für Sozialforschung»
erscheinen konnte. In ihr fehlten jedoch nicht nur alle politisch relevan-
ten Begriffe, mehr noch: der programmatische Charakter des Ganzen
wurde durch die Unterdrückung des ersten, für die historische und politische Lokalisierung bedeutsamen Abschnitts verdunkelt. Horkheimer begründete diese auf seine Anordnung hin vorgenommenen Eingriffe mit
seinem Bemühen, *die Zeitschrift als wissenschaftliches Organ davor zu*
bewahren, in politische Pressediskussionen hineingezogen zu werden[301].
Mit der ihm eigentümlichen Hartnäckigkeit nahm Benjamin ein Jahr später die vom Institut in Auftrag gegebene Untersuchung über *Eduard*
Fuchs, der Sammler und der Historiker (1937) zum Anlaß, um am Beispiel
dieses Pioniers das undialektische Verfahren der materialistischen *Kul-*
turgeschichte und damit auch das des sozialistischen Realismus zu kriti-
sieren und erneut den ebenso selbstbewußten wie provokatorischen
Anspruch zu formulieren, er selber habe das, was Marx für die ökonomischen Produktionsbedingungen geleistet habe, in der Analyse der künstlerischen vollbracht. Er sei demnach der erste, der eine revolutionäre
Ästhetik dialektisch, das heißt im *Bekenntnis zu den Extremen,* formuliert habe.[302] Auch in diesem Falle funktionierte die in New York ausge-
übte Zensur unerbittlich. In Kenntnis des umfangreichen Beweismate-
rials wird man feststellen müssen, daß auch hier die Stärkeren – und das
war nach Lage der Dinge allemal die New Yorker Redaktion – ihre im

damaligen Kontext wohl verstandenen Interessen durchgesetzt, damit aber zugleich Benjamins Programm einer politisch funktionalen Ästhetik um sein Publikum und um seine unmittelbare Wirkung gebracht haben. Wie sehr Benjamin auch zum Zeitpunkt der extremsten Ausbildung seines dialektischen Materialismus, den Adorno postwendend als *einen sehr sublimierten Rest gewisser Brechtischer Motive* kritisierte[303], an dessen Fundierung im religiösen Denken festhielt, läßt sich daran ermessen, daß er zugleich mit der Rede *Der Autor als Produzent* an seinem Essay über Franz Kafka für die «Jüdische Rundschau» arbeitete, von dem er selbst bekennt, daß *dieser Gegenstand alle Eignung hat, sich als Kreuzweg der Wege meines Denkens herauszustellen. Warum, deutet das Bild vom Bogen an: hier habe ich es mit zwei Enden zugleich zu tun, nämlich dem politischen und dem mystischen.*[304] Zu Recht spricht Benjamin von dem mystischen Pol seines Denkens und nicht vom theologischen; denn dieser ist im Kafka-Essay vollständig aufgehoben in der Negativität. Nachdrücklich und mehrfach betont er gegen die vorherrschende theologische Deutung Kafkas durch Max Brod: *Er war kein Mantiker und auch kein Religionsstifter.*[305] Dennoch stellt er das Werk des Prager Erzählers explizit in den Traditionszusammenhang der jüdischen Religion, wenn er bemerkt, *daß seine Stücke nicht gänzlich in die Prosaformen des Abendlandes eingehen und zur Lehre ähnlich wie die Haggadah zur Halacha stehen*[306]. Sind sie so nach Maßgabe der gleichnishaften Erzählungen zu verstehen, die im Talmud kommentierend die Lehre begleiten, so nur mit der alles umwendenden Einschränkung, daß ihnen keine Lehre mehr entspricht.

Auch die anderen Kategorien, die Benjamin der jüdischen Religion entlehnt, um mit ihnen die Verfahrensweise des Erzählers zu charakterisieren, sind ihres theologischen Gehaltes beraubt. So der *Aufschub,* den Kafkas Gestalten durch das Erzählen erlangen, wodurch das Urteil über sie hinausgezögert wird. So das *Erinnern,* mit dem sich der Epiker gegen die Entstellung der Welt im Vergessen stemmt. So vor allem das *Studium,* dem sich die hoffnungsvollsten Gestalten dieses Werkes, die Tiere, Gehilfen und Studenten, unablässig widmen. Denn es sind nicht mehr die heiligen Bücher, die hier mit unermüdlicher Sorgfalt studiert werden, es ist die unheilige Welt der Bürokratien und übermächtigen gesellschaftlichen Organisationen des 20. Jahrhunderts. *Profane Erleuchtung,* das Ziel, das Benjamin dem Denkverfahren der Surrealisten gesetzt hatte, erweist sich demnach als der genaue Begriff dessen, was er in Kafkas Texten wiederfindet. Profan ist deren Welt, in der die technokratischen Apparate des 20. Jahrhunderts mit der hetärischen *Sumpfwelt* des *Schicksals, das sich hier in seiner Zweideutigkeit darstellt*[307], in heillosem Wirrwarr sich mischen. So deckt Benjamin die Doppelbödigkeit von Kafkas verdorbenem Kosmos auf, indem er in ihm die Urgeschichte der verwalteten Welt wiederfindet.

Politische Aktualität kann das Werk Kafkas in dieser Deutung beanspruchen, weil es im Sinne der Marxschen Frühschriften als Chiffre *der aufs Höchste gesteigerten Entfremdung der Menschen voneinander, der unabsehbar vermittelten Beziehungen* gelesen wird.[308] Benjamins Meditation dieses Weltzustandes an Hand der Kafkaschen Texte spürt der Verdinglichung bis in die verborgensten Bezirke des Menschlichen nach. *Denn so wie K. im Dorf am Schloßberg lebt der heutige Mensch in seinem Körper; er entgleitet ihm, ist ihm feindlich. Es kann geschehen, daß der Mensch eines Morgens erwacht, und er ist in ein Ungeziefer verwandelt. Die Fremde – seine Fremde – ist seiner Herr geworden.*[309] Erst wenn Kafkas Parabeln in dieser Weise buchstäblich und radikal als Gleichnisse der Verfassung der Welt und des Menschen in der Moderne gelesen werden, stellt sich die Notwendigkeit der *nicht endenwollende Reihe von Erwägungen* als unabweisbar heraus, die in Kafkas Werk an sie geknüpft werden. In ihnen sieht der Interpret dessen mystische Qualität begründet, ihnen schließt er mit seinen eigenen Deutungen sich an. Als nichts anderes erscheint demnach sein Tun denn als Fortsetzung der im Werk selbst begonnenen Überlegungen. Die Interpretation versteht sich so als Gerichtsverfahren über die Welt, wobei ein Freispruch zwar nicht in Sicht ist, wohl aber das Urteil der strafenden Väter unabsehbar vertagt ist, weil der Prozeß unabgeschlossen, grundsätzlich unabschließbar ist.

Mit seiner Bestimmung der Aufgabe des Schreibenden, die ihre mystische Hoffnung gerade an die inhaltliche Nichtigkeit des Schreibprozesses knüpft, spricht Benjamin auch über sich selbst. Er stellt sich in die Reihe der Studierenden und nimmt für das eigene Schreiben die rettende Kraft in Anspruch, die er dem Studium zuschreibt. Für ihn ist es der Ritt gegen den *Sturm, der aus dem Vergessen herweht... Umkehr ist die Richtung des Studiums, die das Dasein in Schrift verwandelt... Die Pforte der Gerechtigkeit ist das Studium.*[310] Dem stets von neuem erfahrenen Scheitern seines Schreibens, wie es etwa im Kraus-Essay in der Unmöglichkeit der Vermittlung, in der bloß ästhetischen Vermittlung von theologischen und materialistischen Kategorien sich manifestiert hatte, dieser nicht endenden Sisyphosarbeit wird so die Weihe des Heiligen gegeben. Heimlich ist der Kritiker in die Rolle des Messias geschlüpft, eines durch und durch materialistischen und nihilistischen allerdings.

Benjamin hat dafür Sorge getragen, daß sein Text in Abschriften seinen Freunden zugänglich gemacht wurde und auf Grund ihrer Reaktionen ein *Dossier von fremden Einreden und eigenen Reflexionen* für eine spätere *Revision* angelegt.[311] Auch damit betonte er konsequent die grundsätzliche Offenheit seines Schreibprozesses. Neben Werner Krafts und Theodor W. Adornos Reflexionen finden sich in dem erhalten gebliebenen Konvolut die Einwände Scholems und Brechts an prominenter Stelle. Von Scholems kabbalistischen Studien war Benjamins Versuch vielfach inspiriert, vor allem von dessen mystischer Auffassung Gottes als Nichts. Benjamins radikalerer Nihilismus jedoch, der weltliches Tun mit religiöser Bedeutung auflud, zugleich aber den theologischen Gehalt der Religion vernichtete, ging Scholem in dem allen entscheidenden Punkt der Leugnung der Existenz Gottes zu weit. Indigniert ließ er deshalb aus der heiligen Stadt dem Pariser Weltkind theologische Belehrung zukommen: «Die Unvollziehbarkeit des Geoffenbarten ist der Punkt, an dem aufs Allergenaueste eine richtig verstandene Theologie ... und das was den

Gershom Scholem

Schlüssel zu Kafkas Welt gibt, ineinanderfallen. Nicht, lieber Walter, ihre Abwesenheit in einer präanimistischen Welt, ihre Unvollziehbarkeit ist ihr Problem.»[312]

Völlig entgegengesetzt, aber ebenso emphatisch entrüstet fiel Brechts Reaktion aus. Benjamin hatte ihm im Juli 1934 bei seinem Aufenthalt in Skovsbostrand das Manuskript zu lesen gegeben, ohne daß Brecht sich dazu geäußert hätte. Erst nach Wochen des Schweigens kam es zu einer Auseinandersetzung, in deren Verlauf Brecht gegen den Kafka-Essay vorbrachte, *daß er dem jüdischen Faszismus Vorschub leiste. Er vermehre und breite das Dunkel um diese Figur aus statt es zu zerteilen.*[313] Benjamin hat die anschließende Diskussion sorgfältig protokolliert, in der Brecht Kafka als den typischen Kleinbürger deutete, der den verwickelten und undurchschaubaren Mechanismen der kapitalistischen Gesellschaft nicht mit Heroismus, wie die Faschisten, sondern als Weiser mit Fragen gegenübertrete. Gegen diese grobschlächtig aktualisierende Deutung setzte sich Benjamin listig zur Wehr, indem er die *Interpretation des Einzelnen* zum Probierstein der unterschiedlichen Deutungen machte und an den Zeitverzerrungen der Erzählung «Das nächste Dorf» seine Auffassung von der messianischen Kraft der Erinnerung demonstrierte.

Benjamin war selbst sein strengster Kritiker. Unter den dramatisch zugespitzten weltgeschichtlichen Auspizien des Jahres 1938 hat er in einem langen Brief an Scholem den zentralen Punkt seiner Kafka-Arbeit aus der «Jüdischen Rundschau» widerrufen. *Was mich heute gegen diese am meisten einnimmt, ist der apologetische Grundzug, welcher ihr innewohnte.*

Um Kafkas Figur in ihrer Reinheit und ihrer eigentümlichen Schönheit ge-
recht zu werden, darf man das Eine nie aus dem Auge lassen: es ist die von
einem Gescheiterten.[314] Wieder spricht der Autor, wenn von Kafka die
Rede ist, gleichzeitig von sich selbst. *Apologetisch* war seine Arbeit vor
allem in der Heiligung des eigenen Schreibens. Angesichts der drohenden
Zerstörung Europas, dieses Gerichts, gegen dessen Urteil durch Schreiben kein Aufschub zu erwirken war, faßte Benjamin die Möglichkeit des
realen Scheiterns seiner lebenslangen Arbeit ins Auge.

Der gekürzte Abdruck des Essays, der 1934 im nationalsozialistischen
Berlin erscheinen konnte, endet mit einem Zitat des Kinderliedes, das
auch am Schluß der *Berliner Kindheit* kommentiert wird: *«Liebes Kind-*
lein, ach ich bitt, / Bet' für's bucklicht Männlein mit!» So endet das Volks-
lied. In seiner Tiefe berührt Kafka den Grund, den weder das «mythische
Ahnungswissen» noch die «existenzielle Theologie» ihm gibt. Es ist der
Grund des deutschen Volkstums so gut wie des jüdischen. Wenn Kafka
nicht gebetet hat – was wir nicht wissen – so war ihm doch aufs höchste
eigen, was Malebranche «das natürliche Gebet der Seele» nennt – die Auf-
merksamkeit. Und in sie hat er, wie die Heiligen in ihre Gebete, alle Kreatur
eingeschlossen.[315] Diese Identifikation des Jüdischen mit dem Deutschen
enthält in der bewußten Übernahme der von den Nationalsozialisten ok-
kupierten Vokabel *Volkstum* eine mahnende Erinnerung an das bessere
Deutschland, dem Benjamin sich verpflichtet fühlte.

Zu ihm hat er im Jahre 1936, als das offizielle nationalsozialistische
Deutschland auf der Berliner Olympiade seine Triumphe feierte, noch
einmal öffentlich sich bekannt. Durch die Vermittlung des Sozialisten und
Theologen Karl Thieme gelang es ihm, im Luzerner Vita Nova Verlag
unter dem Titel *Deutsche Menschen* eine Folge von 26 Briefen aus den
Jahren 1783 bis 1883 zu veröffentlichen, die er schon 1931/32 mit eigenen
Kommentaren versehen in der «Frankfurter Zeitung» publiziert hatte.
Das Motto, das er dieser Sammlung von Dokumenten aus dem bürgerli-
chen Jahrhundert voranstellte, deutet die politische Aktualität seines unter dem Pseudonym *Detlef Holz* für den deutschen Markt gedachten Buches an: *Von Ehre ohne Ruhm/Von Größe ohne Glanz/Von Würde ohne*
Sold. Gegen den tödlichen Prunk des Faschismus will er mit den Zeugnis-
sen eines die Menschheitswerte offensiv vertretenden Bürgertums das
Aufeinanderangewiesensein des kargen eingeschränkten Daseins und der
wahren Humanität noch einmal aufrufen.[316] Zugleich aber stellen diese
Texte und ihre Kommentare das genaueste Spiegelbild von Benjamins
eigener Existenz dar: Vom Elend des deutschen Intellektuellen im Exil,
das an Briefen Forsters und Büchners demonstriert wird, über die zentrale Stellung der Hoffnung und den Verzicht in der Liebe bis hin zur
Religion unbedingter eschatologisch begründeter Weltverneinung sind hier
heimlich alle Motive des eigenen erkannten Lebens angeschlagen.[317] Nirgendwo sonst hat Benjamins Vision von der Durchdringung der europäischen Kultur durch den metaphysischen Genius des Judentums so über-
zeugende Gestalt gewonnen als in diesem aus den Äußerungen bürgerlicher Not und Schöpfungskraft montierten Selbstporträt.

Passagen (1937–1939)

Schon im März 1934, Benjamin hatte kaum die ersten Schwierigkeiten der Emigration überwunden, nahm er die Anfang 1930 unterbrochene Arbeit am *Passagenwerk* wieder auf, die in den folgenden Jahren das Zentrum seiner Anstrengungen und Reflexionen bildete und ihn an Paris und Europa band, auch als der Aufenthalt auf dem Kontinent für ihn längst zum lebensgefährlichen Wagnis geworden war. In der Hoffnung auf die Vollendung dieses Werkes sah der Vereinsamte und Exilierte schließlich *den eigentlichen, wenn nicht den einzigen Grund, den Mut im Existenzkampf nicht aufzugeben*[318]. Bei seinem Aufenthalt in San Remo im Winter 1934/35 machte er sich daran, das bisher erarbeitete Material systematisch durchzugehen, um es nach seiner Rückkehr nach Paris durch Exzerpte und Bildmaterialien aus dem unerschöpflichen Fundus der Bibliothèque Nationale zu erweitern. Im Mai 1935 fertigte er ein Exposé an, das die Gesamtmasse der Zitate und kommentierenden Reflexionen zum erstenmal planmäßig ordnete, und sandte es an die New Yorker Leitung des Instituts für Sozialforschung, um sie für eine Finanzierung des Projekts zu gewinnen.

Als er sich im Frühjahr 1937 durch die Ablieferung des lange verzögerten *Fuchsaufsatzes* aller Pflichtaufgaben entledigt hatte, konnte er sich mit Billigung des Instituts seinem eigentlichen Thema wieder zuwenden. In der langen Entstehungszeit des Werkes, das 1927 zunächst als Aufsatz für die Zeitschrift «Der Querschnitt» konzipiert wurde, waren seine erkenntnistheoretischen Grundlagen einer radikalen Neuorientierung unterworfen. *Das saturnische Tempo der Sache hatte seinen tiefsten Grund in dem Prozeß einer vollkommnen Umwälzung, den eine aus der weit zurückliegenden Zeit meines unmittelbar metaphysischen, ja theologischen Denkens stammende Gedanken- und Bildermasse durchmachen mußte, um mit ihrer ganzen Kraft meine gegenwärtige Verfassung zu nähren.*[319] Was dieser Unterschied zwischen der ursprünglich geplanten *dialektischen Feerie* und dem 1935 skizzierten Buch *Paris, die Hauptstadt des XIX. Jahrhunderts* inhaltlich bedeutete, brachte Benjamin in einem zur Abfassungszeit des Exposés entstandenen Brief an Scholem auf den Begriff, indem er den Plan des neuen Werks mit der *inneren Konstruktion* des *Trauerspielbuchs* verglich: *Und ich will dir soviel andeuten, daß auch hier die Entfaltung eines überkommenen Begriffs im Mittelpunkt stehen wird. War es dort der Begriff des Trauerspiels so würde es hier der des Fetischcharakters der Ware sein.*[320] In diesem Stadium der Arbeit ging es

Benjamin in der Bibliothèque Nationale, um 1935

Benjamin also darum aufzuzeigen, in welcher Weise die Geschichte und die Kunst des 19. Jahrhunderts durch die Grundverfassung der kapitalistischen Gesellschaft, wie sie im Frühwerk von Marx und in Lukács' «Geschichte und Klassenbewußtsein» diagnostiziert worden war, in allen ihren Äußerungen entstellt ist. Er tut dies als dialektischer Kritiker mit dem Ziel, diese Entstellungen in seiner historischen Konstruktion aufzuheben und so die Vergangenheit in ihrer gereinigten Form gegen die falschen geschichtlichen Tendenzen der Gegenwart aufzubieten.

Diesen Zusammenhang formuliert Benjamin im Schlußabschnitt seines Exposés in der Terminologie einer auf das kollektive Subjekt des 19. Jahrhunderts angewandten Psychologie: *Dieser Epoche entstammen die Passagen und Interieurs, die Ausstellungshallen und Panoramen. Sie sind Rückstände einer Traumwelt. Die Verwertung der Traumelemente beim Erwachen ist der Schulfall des dialektischen Denkens. Daher ist das dialektische Denken das Organ des geschichtlichen Aufwachens.*[321] In den geplanten sechs Kapiteln *Fourier oder die Passagen, Daguerre oder die Panoramen, Grandville oder die Weltausstellungen, Louis Philippe oder das Interieur, Baudelaire oder die Straßen von Paris, Haussmann oder die*

Barrikaden sollte dieser Aufstieg des geschichtlichen Bewußtseins zur Wachheit nachgezeichnet werden. Wie die Texte der *Berliner Kindheit* das Erwachen des kindlichen Selbst aus dem Traum des 19. Jahrhunderts im Bewußtsein des zur eigenen Identität gereiften Autors darstellen, so die des *Passagenwerks* das Erwachen des Proletariats in der dialektischen Konstruktion des Historikers, der sich der Gefahr des geschichtlichen Augenblicks bewußt ist. Dessen methodisches Instrumentarium hat Benjamin, seine frühere, aus der jüdischen Tradition stammende Unterscheidung wiederaufnehmend, in der *Lehre von den historischen Träumen der Kollektive* niedergelegt, die Freuds *Lehre vom Naturtraum* aufheben soll. Für ihn sind alle kulturellen Äußerungen, alle sozialen und ökonomischen Organisationsformen nur Traumbilder, Phantasmagorien, weil in ihnen Altes und Neues unterschiedslos vermischt erscheint. *Das Jahrhundert hat den neuen technischen Möglichkeiten nicht mit einer neuen gesellschaftlichen Ordnung zu entsprechen vermocht.*[322] Dieser weiter bestehende Widerspruch, der sich exemplarisch in der Warenform manifestiert, prägt alle Ausdrucksformen der Epoche, läßt sie als traumverschoben erscheinen.

Die Geschichte der Menschheit in dieser Weise als ihren Traum verstehen, bedeutet nichts anderes, als daß in der Geschichte die wahren Triebe und Wünsche des Menschen, die nach Vollendung und Glück, zwar zum Ausdruck kommen, aber eben nur in ihrer verschobenen, zensierten, verdrängten Form. Solche Traumarbeit hindert die Menschheit am Erwachen, das ein Ende der Geschichte und den Anbruch des messianischen Reichs bedeuten würde. In ihm wären alle Dinge in die rechte Beziehung zueinander gerückt und die Aufhebung dessen erreicht, was als Verschiebung den Traumzustand der Welt kennzeichnet. Vernichtung des herrschenden Ausdruckszusammenhangs und Herstellung des ursprünglichen Seinszusammenhangs ist demnach das Ziel der *kulturgeschichtlichen Dialektik,* wie Benjamin sie in seinem Exposé von 1935 plant. Das *Ausdruckslose,* das der Kritiker im *Wahlverwandtschaftenessay* durch Zerschlagen des klassischen Kunstwerks zum *Torso eines Symbols* herausgearbeitet hatte, sucht der materialistische Historiker im Material der Geschichte selbst zu konstruieren. Folgerichtig enden die Überlegungen des Exposés von 1935 in der optimistischen Annahme eines Erwachens in den Raum der Geschichte in dem Moment, in dem die ökonomischen Grundlagen des 19. Jahrhunderts endgültig dem Untergang geweiht scheinen.

Die äußeren Umstände machten es Benjamin zunächst unmöglich, diesen großangelegten Plan auszuführen. Lediglich die umfänglichen Konvolute von Exzerpten und kurzen Reflexionen sind, unter Stichworten zusammengefaßt, erhalten geblieben und 1982 in zwei Bänden ediert worden. Notgedrungen wandte er sich 1937 der Ausarbeitung des Baudelaire-Kapitels zu, das einen in der «Zeitschrift für Sozialforschung» publizierbaren Text herzugeben versprach. Während der Studien zu diesem Projekt, die er in der ersten Jahreshälfte 1938 in Paris betrieb, wuchs sich ihm dieses unter der Hand wiederum zu einem neuen Buch aus, von dessen Gelingen er sich allerdings *ein sehr genaues Modell der Passagenarbeit*

«Passage des Princes» in Paris

versprach.[323] Als er Ende Juni 1938 zu einem Sommeraufenthalt in Brechts dänischem Exilort aufbrach, hatte er die notwendigen Materialien so weit vorbereitet, daß er in der Ruhe des Fischerdorfes in *Klausur* gehen und die Niederschrift des *Baudelaire* beginnen konnte.

Das Buch *Charles Baudelaire – ein Lyriker im Zeitalter des Hochkapitalismus* sah einen dreiteiligen Aufbau vor, dessen dialektisches Konstruktionsprinzip sein Vorbild in der *Wahlverwandtschaftenarbeit* finden sollte.[324] Allerdings wurde nur der Text des zweiten Teiles *Das Paris des Second Empire bei Baudelaire* während des Sommers in Skovsbostrand fertiggestellt und Ende September 1938 zur Drucklegung nach New York gesandt. Wie aus einem im Frühsommer 1938 angefertigten Entwurf hervorgeht, sollte der erste Teil des Buches Baudelaire als den «gemischten» Gegenstand darstellen, als der er in die Tradition eingegangen ist. Dabei wäre dessen Werk mit seinem schillernden Wechsel zwischen symbolischen, das heißt auf *natürlichen Korrespondenzen* beruhenden und allegorischen Darstellungsweisen selbst als zweideutig erschienen und hätte sich so als Quelle der fehlgeleiteten Rezeption erwiesen, die im Sinne der traditionellen Kunsttheorie ausschließlich seine symbolischen Aspekte wahrgenommen und sich inhaltlich *unkritisch an seine Anschauung von der Katholizität seiner Dichtung gehalten* hatte.[325]

Gegen diese traditionelle Verfälschung setzt der zweite Teil des Buches, der in den drei Kapiteln *Die Bohème, Der Flaneur* und *Die Moderne* vorliegt, das Werk Baudelaires so, wie es in das gesellschaftliche Dasein seiner Zeit eingebettet liegt. In ihm wird *seinen Machenschaften dort nachgegangen, wo er ohne Frage zu Hause ist:* im Bürgertum.[326] Im Gesamtzusammenhang des Buches erfüllt der ausgeführte Teil demnach die Funktion, das Werk Baudelaires von der objektiven Basis der gesellschaftlichen Verhältnisse seiner Entstehungszeit her gegen die bisherige Rezeption zu wenden. So analysiert das Kapitel *Die Bohème* die geheime Kommunikation zwischen den Außenseitern der nachrevolutionären Gesellschaft Frankreichs, den politischen Konspirateuren, die als Verlierer des Kampfes im Untergrund und im Gefängnis enden, den zum Lumpenproletariat absinkenden Arbeitern und dem Dichter, dem die Bürgerklasse ihre Verteidigung nicht mehr anvertraut – die hat sie inzwischen dem Hasardeur Louis Bonaparte übergeben – und der daher auf den Markt gehen und zum Feuilletonschreiber werden muß. Im Kapitel *Der Flaneur* wird die Erfahrung des Schocks, wie sie der einzelne in der Menge macht, und die der Todesverfallenheit der Stadt Paris als zentraler Inhalt der Baudelaireschen Gedichte nachgewiesen. Unter dem Titel *Die Moderne* werden schließlich die zuvor analysierten gesellschaftlichen Erfahrungen in ihrem bestimmenden Einfluß auf die Formtendenzen der Gedichte dargestellt. Als Ausdruck von Schock und Todeserfahrung stehen im Werk des Modernen die Allegorien, die als *Zentren der poetischen Strategie* die *putschistische* Technik ins Herz der Dichtung vortragen, indem sie den unvorbereiteten Leser handstreichartig mit tieferer Bedeutung anfallen.[327] Die Strukturhomologien zwischen den politischen Aktionsformen der Revolte, den sozialen Alltagserfahrungen des Groß-

Benjamin vor dem Haus Brechts in Dänemark, 1938

stadtmenschen und der literarischen Technik des poète maudit bezeugen, daß die allegorische Ausdrucksform der eigentliche Bedeutungsträger der «Fleurs du Mal» ist. Sie entlarven deren von den bürgerlichen Interpreten vorgenommene Einordnung in die Tradition symbolischer Dichtung als Manöver, das die revolutionären Aspekte dieses Werkes verschleiern soll.

Der Antithese des zweiten Teils sollte im dritten Teil des Buches unter dem Titel *Die Ware als poetischer Gegenstand* die *marxistische* Auflösung folgen.[328] Diese Synthese ist ebenso wie der erste Teil unausgeführt geblieben, doch liegen in den unter dem Titel *Zentralpark* aus dem Nachlaß publizierten Fragmenten genügend Materialien vor, um sie in großen Zügen rekonstruieren zu können. Danach sollte der Schlußteil des Werkes in einer Synthese der Marxschen Theorie aus dem ersten Buch des «Kapitals» und der metaphysischen Positionen, die das *Trauerspielbuch* markiert, die allegorische Form von Baudelaires Dichtung als Antwort auf den universellen Warencharakter der Dinge im Kapitalismus interpretieren. *Die allegorische Anschauungsweise ist immer auf einer entwerteten Erscheinungswelt aufgebaut. Die spezifische Entwertung der Dingwelt, die in der Ware darliegt, ist das Fundament der allegorischen Intention bei Baudelaire.*[329] Die Allegorie bildet demnach die Eigenschaften der Ware, ihren durch Entfremdung der Dinge aus den funktionalen Bezügen bedingten Fetischcharakter nach und macht ihn dadurch *dingfest.*[330]

Nirgendwo sonst hat der von Benjamin als kritische Methode verstandene Marxismus *heuristischer, experimentierender Natur* deutlichere Spuren hinterlassen als in dem geplanten Baudelaire-Buch.[331] Die sozialgeschichtlichen Analysen von dessen ausgeführtem Mittelteil berufen sich, wenn sie die Gedichte der «Fleurs du Mal» als Ausdrucksformen einer Zeit der Gegenrevolution interpretieren, auf Marx' klassische Analyse «Der achtzehnte Brumaire des Louis Bonaparte»: «Die Konstitution, die Nationalversammlung, die dynastischen Parteien, die blauen und die roten Republikaner, die Helden von Afrika, der Donner der Tribüne, das Wetterleuchten der Tagespresse, die gesamte Literatur, die politischen Namen und die geistigen Renommeen, das bürgerliche Gesetz und das peinliche Recht, die liberté, égalité, fraternité ... alles ist verschwunden wie eine Phantasmagorie vor der Bannformel eines Mannes, den seine Feinde selbst für keinen Hexenmeister ausgeben.»[332] Dieser ironischen Analyse des gegenrevolutionären Spuks durch Marx fügt Benjamin hinzu: Das alles ist nicht nur verschwunden, sondern es hat sich als Phantasmagorie ins literarische Werk Baudelaires geflüchtet.

Indem der Kritiker so die Werte des Baudelaireschen Werkes auf dem Hintergrund der *imperialistischen Restaurationsparodie* des II. Kaiserreichs aufträgt, legt er in ihm die Spuren der *Barbarei* frei, die ihm von seinem Ursprung her anhaften.[333] Sie verweisen zurück auf die Gegenwart, aus der heraus der Kritiker sein einmaliges Bild der Vergangenheit entwirft. Der Cäsarismus Louis Bonapartes und der sich in Satanismus und Zweideutigkeit flüchtende Dichter werden als Vorläufer des faschistischen Terrors und des von ihm ins Exil gezwungenen Schriftstellers dargestellt. Wie in dem in zeitlicher und räumlicher Nachbarschaft geschriebenen «Cäsar-Roman» Brechts tritt so im *Baudelaire* Marx' Analyse der Gegenrevolution als der Maßstab hervor, von dem her die soziale und politische Entwicklung der Weimarer Republik kritisiert wird. Was jedoch im 19. Jahrhundert aus der Perspektive eines zu erwartenden endgültigen Sieges des Proletariats noch als bloße Karikatur und blutige Episode erschienen war, hat im 20. Jahrhundert angesichts der Machtergreifung Hitlers und des bevorstehenden Weltkriegs den Ernst der Endzeit angenommen.

Hier schlägt der erkenntnistheoretische Begründungszusammenhang von Benjamins Kritik in politische Qualität um. Die Parallele zwischen Louis Bonaparte und Hitler, zwischen Baudelaire und Benjamin erscheint deshalb legitim, weil die gesellschaftlichen Bedingungen zwischen 1848 und 1851 und 1918 und 1933 grundsätzlich die gleichen geblieben sind. Denn wenn die sozialen Organisationsformen nach wie vor auf dem Warenaustausch basieren, hat die Hoffnung auf eine revolutionäre Umkehrung der reaktionären Entwicklung getrogen, die noch Marx' Analyse des 18. Brumaire ihren kämpferischen Optimismus verliehen hatte. Benjamins geschichtsphilosophische Konstruktion beruht auf der Erfahrung, daß die Geschichte, wenn sie einmal in das Stadium der warenproduzierenden Gesellschaft eingetreten ist, etwas qualitativ Neues nicht mehr hervorbringen kann, sondern sich als modische Erneuerung des immer gleichen schlechten Weltzustandes perpetuiert. Einzig dessen radikale Unterbrechung – das ist der messianische Fluchtpunkt, auf den Benjamins dialektischer Materialismus hinzielt, den er aber nicht mehr formuliert – vermöchte eine neue Welt heraufzuführen.

In einer idyllischen Arbeitsatmosphäre hatte Benjamin in Dänemark die Niederschrift von *Das Paris des Second Empire bei Baudelaire* beginnen können: *Ich ... sitze an einem geräumigen schweren Tisch in einer Dachstube, zur linken Hand das Ufer und den stillen und schmalen Sund, den auf der Gegenseite der Wald begrenzt ... Nebenan liegt das Haus von Brecht; da gibt es zwei Kinder, die ich gerne habe; das Radio; das Abendbrot; die freundlichste Aufnahme und nach dem Essen ein oder zwei ausgedehnte Schachpartien. Die Zeitungen kommen hierher mit so großer Verspätung, daß man sich etwas eher das Herz nimmt, sie aufzuschlagen.*[334] Es war das letzte Mal, daß er in Ruhe arbeiten konnte. Gegen Ende seines dänischen Sommers hatte ihn die politische Aktualität eingeholt. Der Abschluß der Arbeit in den letzten Septemberwochen des Jahres 1938, in der die «Sudetenkrise» und das Münchener Abkommen die Weltöffentlichkeit alarmierten, erwies sich buchstäblich als *ein Wettrennen mit dem Krieg; und ich empfand, aller würgenden Angst zum Trotz, ein Gefühl des Triumphes am Tage da ich den seit fast fünfzehn Jahren geplanten «flaneur» vor dem Weltuntergang unter Dach und Fach (das gebrechliche eines Manuscripts!) gebracht hatte*[335]. Mit diesen Worten, die seinen Stolz über das Geleistete und dessen prekäre Entstehungsbedingungen gleichermaßen durchscheinen lassen, begleitete Benjamin die Übersendung des Manuskripts nach New York. Um so größer seine Enttäuschung, als er, nach

Paris zurückgekehrt, wochenlang auf eine Reaktion von dort warten mußte, bis ihm schließlich Adorno in einem ausführlichen Brief vom 10. November die Ablehnung des Textes durch die Institutsleitung mitteilte. Ohne das konstruktive Prinzip des geplanten Buches zu berücksichtigen, rügte Adorno an dem vorgelegten Text, er verfalle einem undialektischen «Abbild-Realismus», indem er «die pragmatischen Inhalte Baudelaires unmittelbar auf benachbarte Züge der Sozialgeschichte seiner Zeit und zwar möglichst solche ökonomischer Art» beziehe. Gegen diese Tendenz, durch die «die Arbeit gar selber phantasmagorischen Charakter annehme», verordnete Adorno «simpel und hegelisch»: «Die materialistische Determination kultureller Charaktere ist möglich nur vermittelt durch den Gesamtprozeß.» [336]

Die rüde Zurechtweisung durch den jüngsten Mitarbeiter des New Yorker Instituts, den Benjamin als seinen Schüler und Vertrauten angesehen hatte, muß ihn in der unsensiblen Art, mit der sie seine prekären Produktions- und Lebensbedingungen ignorierte, schwer getroffen haben. *Die Isolierung, in der ich hier lebe, zumal arbeite, schafft eine anormale Abhängigkeit von der Aufnahme, die das, was ich mache, findet*, bekannte er gegenüber Scholem. [337] Eine *Periode nachhaltiger Depressionen* eingangs des Winters war die Folge. [338] Hinzu kam, daß sich Benjamins Lebensumstände zunehmend verdüsterten. Bei seiner Rückkehr aus Dänemark fand er seine Schwester, mit der er zeitweilig in Paris zusammengewohnt hatte, *hoffnungslos erkrankt* vor. [339] Über seinen Bruder Georg, der als sozial engagierter Arzt und kommunistischer Stadtverordneter von den Nazis schon 1933 in «Schutzhaft» genommen worden war und mit dem er über seine Schwägerin Hilde in indirektem Kontakt stand, berichtete er im November 1938 an Gretel Adorno: *Mein Bruder ist ins Zuchthaus von Wilsnak transferiert worden, wo er mit Straßenarbeiten beschäftigt ist. Die Existenz soll dort noch erträglich sein. Der Alp, der auf den Leuten in seiner Situation liegt, ist, wie ich öfter aus Deutschland höre, nicht so sehr der kommende Zuchthaustag als das nach Jahren der Haft drohende Konzentrationslager.* [340] Vier Jahre später wurde Georg Benjamin in Mauthausen ermordet. Nur über das Schicksal seines Sohnes Stefan konnte er einigermaßen beruhigt sein. Dieser hatte sich, nachdem er im Frühjahr 1938 im letzten Moment aus dem von den Nazis besetzten Wien nach Italien flüchten konnte, mit seiner Mutter nach London in Sicherheit gebracht. [341]

Obwohl Benjamin sich darüber im klaren war, daß durch den sich abzeichnenden Angriffskrieg Deutschlands sein eigenes Leben aufs äußerste bedroht sein würde, faßte er eine Auswanderung nach London, wozu ihn Dora zu überreden suchte, oder in die USA auch jetzt noch nicht ernsthaft ins Auge [342], um die Fortsetzung der *Passagenarbeit* nicht zu gefährden. Statt dessen betrieb er seine französische Naturalisierung, wie er selber schreibt, *umsichtig aber illusionslos. Waren vordem die Chancen des Gelingens zweifelhaft, so ist nunmehr auch der Nutzen dieses letztern problematisch geworden. Der Verfall der Rechtsordnung in Europa läßt jede Art von Legalisierung trüglich werden.* [343] Ende Februar 1939 leitete

Paris, 1939

die Gestapo in Berlin seine Ausbürgerung ein mit der Begründung, er habe in der Moskauer Zeitschrift «Das Wort» publiziert. Seitdem war Benjamin auf *das französische Legitimationspapier der réfugiés provenants d'Allemagne* als Reiseausweis angewiesen.[344] Gleichzeitig drohte auch seine finanzielle Situation unhaltbar zu werden, was unter anderem zur Folge gehabt hätte, daß er das kleine Studio, das er seit Januar 1938 in der Rue Dombasle 10 im XV. Pariser Arrondissement bewohnte, hätte aufgeben müssen. Am 23. Februar 1939 schrieb Horkheimer aus New York, daß das Institut in ernsthaften ökonomischen Schwierigkeiten stecke und daß er ihm daher möglicherweise «in nicht allzu ferner Zeit» mitteilen müsse, «daß wir beim besten Willen nicht imstande sind, Ihren Forschungsauftrag zu verlängern».[345] Unmittelbar nach Erhalt dieses Briefs bat Benjamin Scholem fast flehentlich, ihm wenigstens für einige Zeit ein Auskommen in Palästina, etwa durch einen Buchauftrag Salman Schockens, zu beschaffen. *Zeit zu verlieren ist nicht. Was mich in den früheren Jahren bei der Stange gehalten hatte, war die Hoffnung, irgendwann einmal auf halbwegs menschenwürdige Weise beim Institut anzukommen. Unter halbwegs menschenwürdig verstehe ich mein Existenzminimum von 2400,– francs. Von ihm wieder abzusinken, würde ich à la longue schwer ertragen. Dazu sind die Reize, die die Mitwelt auf mich ausübt, zu schwach, und die Prämien der Nachwelt zu ungewiß.*[346] Scholem entzog sich diesem verzweifelten Hilferuf. Man darf vermuten, daß dabei seine Enttäuschung über Benjamins Verhalten zehn Jahre zuvor mindestens unbewußt eine Rolle spielte.[347]

Seit diesem Zeitpunkt wußte Benjamin, daß seine Tage in Frankreich gezählt waren. *Ich lebe in Erwartung einer über mich hereinbrechenden Unglücksbotschaft,* schrieb er im April 1939.[348] Zum erstenmal versuchte er nun ernsthaft, aber ohne Erfolg, wenigstens für einige Monate in die USA hinüberzukommen. Zu diesem Zweck machte er sogar Anstalten, sich von seinem geliebten und einzig ihm verbliebenen Besitz, Klees Bild «Angelus Novus», zu trennen, das er durch die Vermittlung eines jungen Bekannten, Stephan Lackners, in Amerika zu verkaufen suchte, um so die Überfahrt zu finanzieren.[349] Trotz dieser vielfältigen existentiellen Sorgen brachte er in einer äußersten Anstrengung die Konzentration auf, an *die Umformulierung des Flaneur-Kapitels* zu gehen, die das Institut von ihm gefordert hatte.

Der Essay *Über einige Motive bei Baudelaire* geht aus vom *Verlust der Erfahrung,* der das Leben in der Großstadt charakterisiert.[350] An ihre Stelle sei das *Chockerlebnis* getreten, das ebenso die Begegnung des einzelnen mit der Masse, wie die mechanisierte Industriearbeit, wie die neuzeitlichen Reproduktionstechniken bestimme. Das gemeinsame Strukturmoment all dieser im Paris des 19. Jahrhunderts gleichzeitig auftretenden Phänomene sieht Benjamin darin, daß Menschen und Dinge aus ihrer natürlichen Umgebung herausgerissen, in der Vereinzelung entfremdet und für neue Bedeutungszuweisungen verfügbar gemacht werden. Zugleich werde ihnen im Schock die Erfüllung ihrer natürlichen Geschichte verweigert, wie Benjamin in seiner Analyse von Industriearbeit,

Foto, Film und Hasardspiel demonstriert. Der Bedeutungshof, der Dinge und Menschen kraft ihrer Geschichte umgibt, ihre Aura, werde so durch die sozialen und ökonomischen Organisationsformen der Welt in der Moderne vernichtet.

Aus taktischer Rücksichtnahme gegenüber den New Yorkern übergeht Benjamin die materialistische Grundlegung seiner literarischen Kritik und zieht sich statt dessen auf den Erkenntnisstand des *Trauerspielbuchs* zurück, wenn er die Vorherrschaft des Schockerlebnisses in Baudelaires Dichtung in dessen melancholischer Welterfahrung, dem «spleen», begründet: *Der spleen ... stellt das Erlebnis in seiner Blöße aus. Mit Schrecken sieht der Schwermütige die Erde in einen bloßen Naturstand zurückgefallen. Kein Hauch der Vorgeschichte umwittert sie. Keine Aura.*[351] Diese und ähnliche Sätze des Essays, der im letzten deutschsprachigen Heft der «Zeitschrift für Sozialforschung» unmittelbar nach seiner Fertigstellung gedruckt wurde und Benjamin *in New York einen sehr beachtlichen Erfolg* einbrachte[352], weisen diesen Text nicht als die endgültige Synthese seiner metaphysischen Aspirationen aus, als der er vom Autor selbst und von seinen New Yorker Gesprächspartnern gepriesen wurde.[353] Vielmehr haben in ihm die von den historischen Umständen seiner Entstehung bedingten Zerstörungen ihre tiefen Spuren hinterlassen. Das grüblerische Ingenium, dem alle Erfahrung um ihre «Vorgeschichte», und das heißt zugleich, um ihre utopische Dimension geschrumpft ist, erweist sich als das des Autors Benjamin, der auf Grund seiner politischen Erfahrungen für seine Person, wie er im März 1938 als Reaktion auf den Einmarsch Hitlers in Österreich und die Niederlage der Republikaner im spanischen Bürgerkrieg bekennt, kaum weiß, *woher noch einen Begriff sinnvollen Leidens und Sterbens nehmen*[354].

Wenn Benjamin in diesem Zusammenhang von *dem Machiavellismus der russischen und dem Mammonismus der einheimischen Führerschaft* spricht, ist damit der tiefere Grund seines zunehmenden geschichtsphilosophischen Pessimismus benannt. Die Enttäuschung über die Politik der Linken, insbesondere der Kommunisten angesichts der Übermacht des Faschismus war in ihm seit dem Beginn des Exils gewachsen. Gerade weil er den dialektischen Materialismus niemals als politische Handlungsanweisung, sondern stets als kritische Erkenntnismethode verstanden hatte, konnte er die politischen Fehler der Linken mit unerbittlicher Schärfe verurteilen, wobei er wiederum an die eigenen Erfahrungen aus den letzten Jahren der Weimarer Republik anknüpfte. So formuliert er in einer kritischen Anmerkung zu Blochs «Erbschaft dieser Zeit» den Vorwurf, daß man gegen die Kulturpolitik der KP nicht Anklage erheben könne *ohne das corpus delicti der entmannten deutschen Intelligenz*[355]. Das Totschweigen seiner eigenen Bemühungen um eine materialistische Ästhetik in den Jahren 1935 und 1936 bestärkte ihn in seiner Auffassung von der fatalen Wirkung der Volksfrontpolitik. Auf die innenpolitischen Verhältnisse in Frankreich gemünzt, schrieb er im Juli 1937 an Fritz Lieb: *Sie alle hängen nur an dem Fetisch der «linken» Majorität und es stört sie nicht, daß diese die Politik macht, mit der die Rechte Aufstände provozieren würde.*[356] In den Diskussionen mit Brecht in Skovsbostrand, in denen immer wieder die Lage in der Sowjet-Union eine zentrale Rolle spielte, wuchs für beide die Notwendigkeit, *die theoretische Linie als katastrophal für alles das zu erkennen, wofür wir uns seit 20 Jahren einsetzen*[357].

Einen Wendepunkt in seinem Verhältnis zum Kommunismus stellten für Benjamin, wie für viele Intellektuelle der Zeit, die Moskauer Prozesse dar, angesichts deren er schon im August 1936 bekannte, er sei *mit seinem Latein zuende*[358]. In dem zitierten Brief an Lieb stellte er die Prognose, daß *die zerstörende Wirkung der russischen Ereignisse ... notwendig immer weiter um sich greifen* werde, und beklagte als deren schädlichste Wirkung *das Verstummen der Denkenden.*[359] In diesen Worten ist die eigene verzweifelte Ohnmacht über den Verrat an den revolutionären Idealen angedeutet, auf die er seine Hoffnung auch erkenntnistheoretisch gesetzt hatte. Mit zunehmender Entfernung vom orthodoxen Kommunismus näherte er sich in den letzten Jahren des Exils den politischen Anschauungen einer Gruppe französischer Intellektueller um Georges Bataille an, die sich um die Zeitschrift «Acéphale» scharte. Von den Kommunisten wie von der liberalen Demokratie enttäuscht, wollten sie dem «sacré», einem atheologisch verstandenen Heiligen, einen Platz im Leben zurückerobern. An den Erinnerungen Pierre Klossowskis, eines Mitglieds dieser Gruppe, läßt sich ablesen, wie sehr Benjamin durch die Vernichtung seiner aktuellen politischen Hoffnungen auf die utopistischen Vorstellungen Fouriers zurückverwiesen wurde, wie sie in diesem Kreise im Schwange waren: «Wir befragten ihn ... über das, was wir als den ureigensten Grund seines Denkens ahnten: seine persönliche Version einer Erneuerung der Phalansterien. Manchmal sprach er zu uns darüber wie über eine zugleich ‹erotische und handwerkliche Geheimlehre›, die seinen nach außen hin marxistischen Konzeptionen zugrunde liege. Die Vergesellschaftung der Produktionsmittel würde es erlauben, die sozialen Klassen aufzuheben und die Gesellschaft in ‹affektive Klassen› neu zu ordnen.»[360] In seinen Schriften hat Benjamin sich nur einmal diesen schönen Träumen hingegeben, in dem im Jahre 1936 geschriebenen Essay *Der Erzähler,* in dem die Darstellung der heilen, aber aussterbenden Welt des Erzählers dialektisch die Forderung nach einer neuen erzählenden Literatur impliziert, die nach dem Ende des Romans und mit den neuen Reproduktionsmedien sich ausbreiten soll.

Am deutlichsten wird Benjamins Verzweiflung, wenn man das zweite, französischsprachige Exposé der *Passagenarbeit,* das er im März 1939 auf die Aufforderung Horkheimers hin für einen amerikanischen Mäzen verfaßte, mit dem von 1935 vergleicht. Obwohl in ihm die sechs materialen Hauptteile der ursprünglichen Ausarbeitung beibehalten und in ihrer dialektischen Antithetik sogar noch schärfer herausgearbeitet wurden, ist der historische Optimismus einer tiefen Resignation gewichen. An die Stelle seiner methodischen Überlegungen hat Benjamin jetzt mit einem langen Zitat aus Blanquis Schrift «L' Éternité par les Astres» die *letzte, kosmische* Phantasmagorie des 19. Jahrhunderts als Fluchtpunkt von dessen Aufriß gesetzt. In Blanquis Lehre von der Wiederkehr des Immerglei-

Georges Bataille

Pierre Klossowski

Titelblatt des ersten Heftes von «Acéphale»

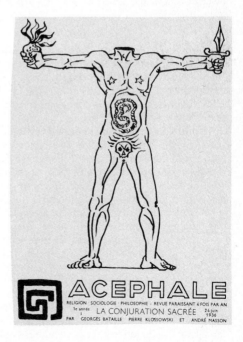

Louis Auguste Blanqui, gezeichnet von Charles Baudelaire

Charles Baudelaire, Selbstporträt

chen wird die Hoffnung, die das erste Exposé beflügelte, um so zynischer dementiert, als sie von dem Vorkämpfer revolutionärer Veränderungen in dieser Epoche selbst vorgetragen wird. Dieser desillusionierte Schluß ist nicht allein der Tatsache zu verdanken, daß Benjamin im Februar 1938 die bis dahin vergessene kosmologische Spekulation Blanquis wiederentdeckte. Die ungeheure Erregung, die sich ihm aus der Lektüre dieser Schrift mitteilte, geht vielmehr darauf zurück, daß sie seine eigenen historischen Erfahrungen bestätigte. In einem vom Faschismus akut bedrohten Europa und in einem von der Niederlage der Volksfront gezeichneten Frankreich ist es für Benjamin evident geworden, daß es eine revolutionäre Klasse nicht mehr gibt, auf deren Aktion hin die historisch materialistische Analyse des 19. Jahrhunderts ausgerichtet sein könnte.

Die Bruchstückhaftigkeit der *Passagenarbeit* gewinnt in diesem Zusammenhang eine präzise Signifikation. Die Anordnung der Materialienkonvolute in einem großen und kleinen Alphabet ist nicht zufällig. Sie ergibt eine Enzyklopädie, in der sich die Stichworte des Universums in der rigorosen, aber bedeutungslosen Anordnung des Alphabets finden. Nicht so sehr die äußeren Umstände, als vielmehr die inneren Widersprüche lassen die geplante dialektische Konstruktion scheitern. Wie der Widerspruch zwischen dem Materialteil des Exposés von 1939 und dem verzweifelten Schlußabschnitt, so weist auch die mangelnde Gestaltung des Werkes auf das fehlende kollektive Subjekt hin, das in der Erkenntnisgegenwart des Autors aus dem historischen Traum erwachend, diesen erst in die Lage versetzen könnte, dem Material die Anordnung zu geben, die es für den Erwachenden haben würde. Der materialistische Historiker Benjamin bleibt auf die Rolle des Sammlers beschränkt, der die Dinge aus ihrem Zusammenhang reißt, ohne ihnen einen anderen als den der Kontingenz geben zu können. Das Erwachen aus dem kollektiven Traum des 19. Jahrhunderts, das Benjamin in seiner *Passagenarbeit* bewerkstelligen wollte, erweist sich damit als Wunschbild eines einzelnen, der vom kollektiven Subjekt der Geschichte allein gelassen wurde. So bleibt die dialektische Konstruktion des zweiten Exposés in ihrem formalistischen Schematismus beliebig, weil sie vom realen Verlauf der Geschichte nicht mehr gedeckt ist.

Am 1. September 1939 fiel die deutsche Wehrmacht in Polen ein. Benjamin, der soeben seinen Essay *Über einige Motive bei Baudelaire* abgeschlossen und nach New York geschickt hatte, wurde wie alle anderen deutschen Flüchtlinge in Frankreich bei Kriegsausbruch in einem Sammellager erfaßt und dann in dem Camp des travailleurs volontaires. Clos St. Joseph, Nevers, interniert. Auf dem Marsch zum Internierungsort brach er zusammen und mußte von einem jungen Mitgefangenen gestützt werden. Trotz seiner physischen Schwäche ertrug er die Unsicherheit und die bedrückenden Lebensverhältnisse des Lagers, wie Mitgefangene berichteten, mit großer Gelassenheit. Er hielt einen Kurs in Philosophie *für Fortgeschrittene* ab und wollte eine Lagerzeitung herausgeben.[361] Ende November 1939 wurde er auf Grund der Intervention einflußreicher französischer Freunde, vor allem Adrienne Monniers und Jules Romains', durch die Entscheidung einer interministeriellen Kommission entlassen und konnte nach Paris zurückkehren.[362] Geschrieben hat er in den drei Monaten im Lager nichts außer einem Traumbericht, den er wegen der Zensurbestimmungen in französischer Sprache abfaßte und an Gretel Adorno nach New York sandte. In ihm spricht er von einer nächtlichen Vision, in der er das Lesen von Zeichen und den Anblick des Körpers einer *sehr schönen* Frau intuitiv als eins erfahren habe. *Nach diesem Traum konnte ich stundenlang nicht wieder einschlafen. Vor Glück.*[363]

Das Ende der Geschichte (1940)

Nach seiner Entlassung kehrte Benjamin in das verdunkelte und in Alarmbereitschaft lebende Paris zurück. Er versuchte sein Leben zu reorganisieren, so gut es ging. Die Herzschwäche, die ihm seit langem zu schaffen machte, hatte sich so sehr verschlimmert, daß er gezwungen war, im Gehen *alle drei oder vier Minuten auf der Straße stehen zu bleiben,* um sich auszuruhen.[364] Dennoch nahm er, sobald es ihm möglich war, seine unterbrochene Arbeit wieder auf. Am 11. Januar 1940 ließ er für ein Jahr seinen Leseausweis für die Bibliothèque Nationale erneuern.[365] Einige Tage später erwähnte er in einem Brief an Gretel Adorno seine Unschlüssigkeit, ob er eine neue Arbeit anfangen – er hatte eine vergleichende Studie von Rousseaus und Gides Autobiographien ins Auge gefaßt – oder den *Baudelaire* fortsetzen solle, *der mir entschieden mehr am Herzen liegt als jede andere Arbeit, der aber Aufschub oder Unterbrechung nicht dul-*

Benjamins Leseausweis der Bibliothèque Nationale in Paris

den würde, selbst nicht um das Überleben seines Autors zu sichern [366]. Als er im Mai Adorno kurz und bündig mitteilte: *Ich habe mich für den «Baudelaire» entschieden*, wußte er, welche Folgen dieser Entschluß haben könnte. [367] Andererseits suchte er weiter nach einer Fluchtmöglichkeit. Er unternahm Démarchen beim amerikanischen Konsulat, um ein quotafreies Visum zu bekommen, das ihm eine beschleunigte Einreise in die USA ermöglichen würde, und drang bei Horkheimer energisch darauf, daß von seiten des Instituts seine Übersiedlung nach Amerika mit allem Nachdruck betrieben würde. [368]

In den Winter- und Frühjahrsmonaten 1940, bevor er sich erneut an den *Baudelaire* machte, legte er in den Thesen *Über den Begriff der Geschichte* Gedanken nieder, von denen er sagte, daß er sie *zwanzig Jahre* bei sich *verwahrt, ja, verwahrt* vor sich selber *gehalten habe.* [369] Geplant als methodologische Klärung für die ins Auge gefaßte Fortsetzung des *Baudelaire*, gleichzeitig aber auch als grundsätzliche Reflexion über das Wesen der geschichtlichen Zeit und die Aufgaben des materialistischen Historikers, stellen sie als letzter von ihm geschriebener Text Benjamins intellektuelles Vermächtnis dar. In ihm hält er nach dem Schock des Hitler-Stalin-Paktes das schärfste Gericht über die *Vorstellung des Fortschritts überhaupt* ab. [370] Zwar nennt er dabei nur den naiven Optimismus der Sozialdemokraten beim Namen, doch sind die Kommunisten mitgemeint, wenn er den *vulgärmarxistischen Begriff von dem, was Arbeit ist*, kritisiert: *Er will nur die Fortschritte der Naturbeherrschung, nicht die Rückschritte der Gesellschaft wahr haben. Er weist schon die technokratischen Züge auf, die später im Faschismus begegnen.* [371] Demgegenüber sucht Benjamin in Übereinstimmung mit dem, was er in der *Einbahnstraße* geschrieben hatte, noch einmal den wahren Begriff der Revolution freizulegen: *Sie ist die Unterbrechung des schlechten Kontinuums, der Griff des in diesem Zuge* (der Weltgeschichte) *reisenden Menschengeschlechts nach der Notbremse*, der dialektische *Sprung unter dem freien Himmel der Geschichte.* [372]

In diesem letzten Text ist alle Verzweiflung gewichen. Ohne auf die Tagesaktualität Rücksicht zu nehmen, setzt er sich sein Ziel: *Dem Begriff der klassenlosen Gesellschaft muß sein echtes messianisches Gesicht wiedergegeben werden, und zwar im Interesse der revolutionären Politik des Proletariats selbst.* [373] Diese Restitution wird dem materialistischen Geschichtsschreiber als Aufgabe zugedacht: *Der materialistischen Geschichtsschreibung ... liegt ein konstruktives Prinzip zugrunde. Zum Denken gehört nicht nur die Bewegung der Gedanken, sondern ebenso ihre Stillstellung. Wo das Denken in einer von Spannungen gesättigten Konstellation plötzlich einhält, da erteilt es derselben einen Chock, durch den es sich als Monade kristallisiert. Der historische Materialist geht an einen geschichtlichen Gegenstand einzig und allein da heran, wo er ihm als Monade entgegentritt. In dieser Struktur erkennt er das Zeichen einer messianischen Stillstellung des Geschehens, anders gesagt, einer revolutionären Chance im Kampfe für die unterdrückte Vergangenheit.* [374]

In diesen Sätzen sind religiöses und politisches Denken eins gewor-

*«Angelus Novus», Aquarell von Paul Klee (1920).
Von Benjamin 1921 erworben.*

den. Anders gesagt: Politik hat einen eschatologischen Charakter angenommen, findet ihre Erfüllung im Weltgericht, dessen Spruch der
historische Materialist vorbereitet. Ihn hat Benjamin im Mittelpunkt seiner Thesen noch einmal in der Gestalt des Angelus Novus porträtiert:

Es gibt ein Bild von Klee, das Angelus Novus heißt. Ein Engel ist darauf dargestellt, der aussieht, als wäre er im Begriff, sich von etwas zu entfernen, worauf er starrt. Seine Augen sind aufgerissen, sein Mund steht offen und seine Flügel sind ausgespannt. Der Engel der Geschichte muß so aussehen. Er hat das Antlitz der Vergangenheit zugewendet. Wo eine Kette von Begebenheiten vor uns erscheint, da sieht er eine einzige Katastrophe, die unablässig Trümmer auf Trümmer häuft und sie ihm vor die Füße schleudert. Er möchte wohl verweilen, die Toten wecken und das Zerschlagene zusammenfügen. Aber ein Sturm weht vom Paradiese her, der sich in seinen Flügeln verfangen hat und so stark ist, daß der Engel sie nicht mehr schließen kann. Dieser Sturm treibt ihn unaufhaltsam in die Zukunft, der er den Rücken kehrt, während der Trümmerhaufen vor ihm zum Himmel wächst. Das, was wir den Fortschritt nennen, ist dieser Sturm.[375]

Dieses Bild zeigt den rückwärtsgewandten Historiker als einen, der das Scheitern der Geschichte wahrnimmt, und als einen, der selber scheitert. Dennoch bleibt ihm die Hoffnung. Mit Kafkas Satz, den Benjamin selbst als Kommentar zu dessen Scheitern zitiert, ließe sich auch von ihm sagen: *So ist denn, wie Kafka sagt, unendlich viel Hoffnung vorhanden, nur nicht für uns.*[376] In dieser Negation des Menschlichen findet das messianische Moment von Benjamins Denken seinen Ursprung und sein Ziel. Der dialektische Materialist ohne Hoffnung auf und für die Menschen muß sich der Hoffnung auf die eschatologische Katastrophe anvertrauen, die die Welt im Nu zurechtrücken wird und die im rettenden «Eingedenken» des materialistischen Historikers ihren vorläufigen Einstand gibt. Von Anfang an war sie der Grund von Benjamins Gelassenheit inmitten seines vielfältigen Scheiterns. Der ursprünglichste Typ der jüdischen Tradition, der Prophet, ist so in Benjamin verwandelt wiedergekehrt. Wie die Propheten aus dem doppelten Fehlschlag der historischen Katastrophen ihres Volkes und dem Nichteintreffen ihrer Wahrsagung im Politischen, um so mehr die Gewißheit gewannen, diese werden im Heilsgeschichtlichen zutreffen, so ist auch Benjamin als politisches Weltkind gescheitert, nur um dadurch um so tiefer von der Hoffnung auf die Rettung seiner Welt durchdrungen zu sein, die die Welt Europas war.

Im Mai 1940 war der «Sitzkrieg» an der Westfront zu Ende, Hitlers Truppen marschierten nach Holland, Belgien und Frankreich ein. Mitte Juni, unmittelbar bevor die deutschen Truppen Paris besetzten, floh Benjamin mit seiner Schwester nach Süden. Er konnte *nichts mitnehmen als seine Gasmaske und seine Toilettensachen*[377]. Seine Manuskripte und andere Habseligkeiten blieben in Paris zurück. Die Materialien und Vorarbeiten zur *Passagenarbeit* hatte er Georges Bataille anvertraut, der sie in der Bibliothèque Nationale aufbewahrte und so rettete. Von Mitte Juni bis Ende August hielt er sich in Lourdes auf, gequält von der *Ungewißheit*, ob es Horkheimer und Adorno gelingen werde, ihm ein Einreisevisum für die USA zu beschaffen.[378] Nachdem er schließlich in den letzten Augusttagen das Visum beim amerikani-

Der Friedhof in Port-Bou

schen Konsulat in Marseille hatte abholen können, machte er sich mit einer Gruppe von Flüchtlingen auf den Weg, um illegal über die Pyrenäen nach Spanien einzureisen. Da ihnen das französische Ausreisevisum fehlte, wurden sie an der spanischen Grenze zurückgewiesen. In der Nacht vom 26. auf den 27. September 1940 nahm Benjamin sich daraufhin in dem Grenzort Port-Bou mit einer Überdosis Morphiumtabletten das Leben. Sein Grab auf dem Friedhof des kleinen Ortes ist nicht mehr auffindbar.

Walter Benjamin

Anmerkungen

Folgende Ausgaben der Werke und Briefe Walter Benjamins werden abkürzend zitiert:

G S = *Gesammelte Schriften*. Hg. von Rolf Tiedemann und Hermann Schweppenhäuser, Bd. I–V. Frankfurt 1972–1982

B = *Briefe*. Hg. von Theodor W. Adorno und Gershom Scholem. Frankfurt 1966

S B = Walter Benjamin – Gershom Scholem: Briefwechsel 1933–1940. Hg. von Gershom Scholem. Frankfurt 1980

1 *Berliner Chronik.* Hg. von Gershom Scholem. Frankfurt 1970. S. 7
2 G S IV, S. 249
3 Hilde Benjamin: «Georg Benjamin. Eine Biographie». Leipzig 1977. S. 13f; Gershom Scholem: «Ahnen und Verwandte Walter Benjamins». In: Bull. des Leo-Baeck-Instituts 61/1982, S. 30f
4 *Berliner Chronik,* a.a.O., S. 76f
5 G S IV, S. 264f u. 283f
6 G S IV, S. 261
7 G S II, S. 375
8 G S IV, S. 287
9 G S IV, S. 253f
10 *Berliner Chronik,* a.a.O., S. 33
11 G S IV, S. 243
12 G S IV, S. 270f
13 *Berliner Kindheit um 1900.* Frankfurt 1962. S. 79. Dieser Satz fehlt in der Fassung G S IV, S. 264
14 G S IV, S. 287
15 Franz Hessel: «Spazieren in Berlin». München 1968. S. 141
16 Hilde Benjamin, a.a.O., S. 19
17 *Berliner Chronik,* a.a.O., S. 100 u. 29
18 *Berliner Chronik,* a.a.O., S. 28
19 G S II, S. 832
20 G S II, S. 9

21 B, S. 41
22 Irmtraud u. Albrecht Götz von Olenhusen: «Walter Benjamin, Gustav Wyneken und die Freistudenten vor dem Ersten Weltkrieg». In: «Jahrbuch des Archivs der Deutschen Jugendbewegung» 13/1981, S. 98f
23 G S II, S. 836
24 G S II, S. 12–16
25 *Berliner Chronik,* a.a.O., S. 34f; Martin Gumpert: «Hölle im Paradies». Stockholm 1939. S. 55
26 B, S. 48
27 G S II, S. 40f
28 G S II, S. 846
29 B, S. 52
30 Gustav Wyneken: «Schule und Jugendkultur». Jena 1913. S. 92
31 B, S. 44
32 G S II, S. 838
33 G S II, S. 839
34 G S II, S. 28f
35 G S II, S. 32
36 B, S. 94f
37 unveröffentlicht
38 B, S. 93
39 G S II, S. 78f
40 B, S. 110
41 B, S. 110f
42 G S II, S. 82
43 G S II, S. 75

44 Ebd.
45 B, S. 95
46 *Berliner Chronik,* a. a. O., S. 44
47 G S II, S. 240
48 B, S. 157
49 G S II, S. 123
50 Gershom Scholem: «Walter Benjamin. Die Geschichte einer Freundschaft.» Frankfurt 1975. S. 20 f, 27 f
51 Ebd., S. 13, 34
52 B, S. 120 f
53 Gershom Scholem: «Walter Benjamin und Felix Noeggerath». In: «Merkur» 35/1981, S. 136
54 Ebd., S. 141
55 Ebd., S. 140
56 B, S. 128
57 G S II, S. 146
58 G S II, S. 150
59 G S II, S. 144
60 Bernhild Boie: «Dichtung als Ritual der Erlösung. Zu den Sonetten von Walter Benjamin». In: «Akzente» 31/1984, S. 23 f
61 unveröffentlicht. Fonds Walter Benjamin. Bibliothèque Nationale, Paris
62 B, S. 127
63 G S II, S. 147
64 B, S. 140
65 Scholem: «Freundschaft», a. a. O., S. 50
66 Ebd., S. 53
67 B, S. 150
68 G S II, S. 160 f
69 G S II, S. 163
70 Ebd.
71 B, S. 252
72 Ernst Bloch: «Geist der Utopie». München–Leipzig 1918. S. 9
73 B, S. 169
74 B, S. 203
75 G S IV, S. 441 f, 1016 f
76 B, S. 208
77 G S I, S. 78
78 G S I, S. 86
79 G S I, S. 119
80 B, S. 219
81 B, S. 230
82 B, S. 239
83 B, S. 248
84 B, S. 303
85 B, S. 271
86 B, S. 281
87 G S II, S. 242
88 B, S. 294
89 B, S. 281
90 Wilhelm Dilthey: «Das Erlebnis und die Dichtung». Göttingen [15]1970. S. 126
91 G S I, S. 156
92 G S II, S. 194
93 G S I, S. 130
94 G S I, S. 176
95 G S I, S. 196
96 G S I, S. 197
97 G S I, S. 123
98 *Berliner Chronik,* a. a. O., S. 67
99 B, S. 172
100 Siegfried Unseld (Hg.): «Zur Aktualität Walter Benjamins». Frankfurt 1972. S. 116
101 B, S. 513
102 Charlotte Wolff: «Innenwelt und Außenwelt». München 1971. S. 206
103 G S I, S. 173
104 *Berliner Chronik,* a. a. O., S. 67
105 «Zur Aktualität», a. a. O., S. 101
106 Ebd., S. 116
107 Ebd., S. 102
108 G S I, S. 199 f
109 G S I, S. 200
110 G S I, S. 192
111 G S I, S. 181
112 Hugo von Hofmannsthal–Florens Christian Rang: «Briefwechsel». In: «Die Neue Rundschau» 70/1959, S. 424 f
113 Hugo von Hofmannsthal: «Aufzeichnungen». Frankfurt 1959. S. 368
114 Vorwort. In: «Neue Deutsche Beiträge», 1. Folge, 3. Heft/Juli 1923, S. 123
115 B, S. 341
116 B, S. 327
117 B, S. 341
118 B, S. 400
119 B, S. 293 f
120 Chryssoula Kambas: «Walter Benjamin an Gottfried Salomon». In: DVjs 56/1982, S. 601–621
121 B, S. 293
122 B, S. 298
123 B, S. 307
124 B, S. 306
125 B, S. 311

126 G S IV, S. 929
127 G S IV, S. 926 f
128 Kambas, a. a. O., S. 613
129 Adalbert Rang: «Florens Christian Rang». In: «Die Neue Rundschau» 70/1959, S. 456
130 B, S. 310
131 B, S. 309
132 B, S. 374
133 G S I, S. 872
134 B, S. 339 u. 326
135 B, S. 352
136 B, S. 354
137 B, S. 351
137 B, S. 358
139 B, S. 351
140 B, S. 455
141 B, S. 372
142 G S I, S. 227
143 G S I, S. 298
144 G S I, S. 308
145 Carl Schmitt: «Politische Theologie. Vier Kapitel der Lehre von der Souveränität». München–Leipzig 1922. S. 9
146 G S I, S. 887
147 Schmitt, a. a. O., S. 37
148 Georg Lukács: «Essays über Realismus». Werke Bd. 4. Neuwied–Berlin 1971. S. 493 f. Dort unter dem späteren Titel: «Die Gegenwartsbedeutung des kritischen Realismus»
149 B, S. 366
150 G S I, S. 403
151 G S I, S. 407
152 G S I, S. 406
153 G S I, S. 408
154 G S I, S. 343
155 G S I, S. 217
156 B, S. 392
157 B, S. 381 f
158 B, S. 403
159 *Moskauer Tagebuch.* Hg. von Gary Smith. Frankfurt 1980. S. 52
160 Asja Lacis: «Revolutionär im Beruf». München 1971. S. 52 f
161 G S IV, S. 128
162 B, S. 368
163 Ernst Bloch: «Revueform in der Philosophie» (1928). In: «Erbschaft dieser Zeit». Gesamtausgabe Bd. 4. Frankfurt 1962. S. 368 f

164 G S IV, S. 148
165 G S IV, S. 122
166 G S IV, S. 102, 109
167 G S IV, S. 113 f
168 B, S. 433
169 B, S. 416
170 B, S. 414
171 B, S. 393
172 Ebd.
173 G S III, S. 278
174 Willy Haas (Hg.): «Zeitgemäßes aus der ‹Literarischen Welt› von 1925–1932». Stuttgart 1963. S. 477
175 Kurt Koszyk: «Deutsche Presse 1914–1945. Geschichte der deutschen Presse». Teil III. Berlin 1972. S. 216
176 B. S. 422 f
177 Benjamin an Thankmar von Münchhausen, 14. September 1926 (unveröffentlicht)
178 *Moskauer Tagebuch,* a. a. O., S. 50
179 *Moskauer Tagebuch,* a. a. O., S. 155
180 *Moskauer Tagebuch,* a. a. O., S. 107
181 B, S. 442 f
182 G S IV, S. 348
183 *Moskauer Tagebuch,* a. a. O., S. 106 f
184 G S II, S. 743 f
185 G S II, S. 757
186 G S III, S. 174
187 B, S. 523 f
188 G S II, S. 285
189 G S II, S. 289
190 G S III, S. 113
191 G S II, S. 295
192 B, S. 491
193 B, S. 431
194 B, S. 663
195 B, S. 455
196 G S V, S. 1051
197 B, S. 446
198 B, S. 455
199 G S V, S. 1041
200 G S V, S. 1057
201 B, S. 472
202 B, S. 483 f
203 Scholem: «Freundschaft», a. a. O., S. 172 f
204 B, S. 463
205 G S II, S. 705 f
206 Scholem: «Freundschaft», a. a. O., S. 196

207 Ebd., S. 200
208 Ebd., S. 207
209 G S II, S. 333
210 Ebd.
211 Scholem: «Freundschaft», a. a. O., S. 202
212 B, S. 513
213 B, S. 496 f
214 B, S. 505 f
215 G S IV, S. 108
216 G S III, S. 252
217 G S II, S. 172
218 G S III, S. 281
219 G S II, S. 696
220 Siegfried Kracauer: «Die Angestellten». Frankfurt 1971. S. 7 f
221 G S III, S. 224 f
222 G S III, S. 225
223 Johannes R. Becher: «Partei und Intellektuelle» (1928). In: Deutsche Akademie der Künste zu Berlin (Hg.), «Zur Tradition der sozialistischen Literatur in Deutschland». Berlin–Weimar 1967. S. 127 f
224 G S III, S. 224
225 B, S. 537
226 Sabine Schiller-Lerg: «Walter Benjamin und der Rundfunk». München – New York – London – Paris 1984
227 G S II, S. 1507
228 G S II, S. 1506 u. 638 f
229 Scholem: «Freundschaft», a. a. O., S. 198
230 G S II, S. 662
231 G S II, S. 523
232 B, S. 518
233 Bertolt Brecht: «Gesammelte Werke in 20 Bänden». Frankfurt 1967. Bd. 18, S. 85 f
234 Unveröffentlichte Notiz. Bertolt Brecht Archiv Nr. 332/49 (= Ramthun 16 687)
235 (Gespräch Brecht, Benjamin, Ihering) Unveröffentlichtes Typoskript. Bertolt Brecht Archiv Nr. 217/4–7 (= Ramthun 18 815)
236 Scholem: «Freundschaft», a. a. O., S. 205
237 B, S. 509
238 B, S. 513
239 Walther Kiaulehn: «Mein Freund der Verleger. Ernst Rowohlt und seine Zeit». Reinbek 1967. S. 150 f
240 Scholem: «Freundschaft», a. a. O., S. 206
241 G S II, S. 339
242 G S II, S. 363
243 G S II, S. 353 f
244 G S II, S. 353
245 G S II, S. 363 f
246 G S II, S. 364 f
247 G S II, S. 1125
248 G S II, S. 344
249 G S II, S. 367
250 Karl Kraus: «Um Perichole». In: «Die Fackel» 852/56, Mai 1931, S. 27
251 B, S. 526
252 B, S. 531
253 B, S. 524
254 B, S. 544
255 Über Haschisch. Novellistisches, Berichte, Materialien. Hg. von Tillman Rexroth. Frankfurt 1972. S. 117
256 Ebd., S. 103 f
257 B, S. 542
258 Über Haschisch, a. a. O., S. 127
259 Scholem: «Freundschaft», a. a. O., S. 223
260 Schiller-Lerg: «Benjamin und der Rundfunk», a. a. O., S. 106
261 Scholem: «Freundschaft», a. a. O., S. 225
262 Ebd., S. 228
263 S B, S. 22 f
264 Scholem: «Freundschaft», a. a. O., S. 234 f
265 G S IV, S. 398
266 S B, S. 28
267 G S II, 1064
268 S B, S. 38
269 B, S. 755. Das bislang unveröffentlichte Typoskript dieser Fassung befindet sich in der Bibliothèque Nationale (Paris). Fonds Walter Benjamin
270 S B, S. 49 f
271 B, S. 586; S B, S. 101
272 B, S. 595
273 S B, S. 127
274 S B, S. 58
275 B, S. 602 f; S B, S. 126, 129
276 B, S. 653
277 Brief an Asja Lacis. Undatiert (Anfang 1935). In: «Alternative»

59/60, April/Juni 1968, S. 62

278 B, S. 602
279 B, S. 704
280 B, S. 710
281 S B, S. 171
282 G S I, S. 1012
283 G S I, S. 1013
284 *Versuche über Brecht.* Hg. von Rolf Tiedemann. Frankfurt ⁵1978. S. 133
285 G S II, S. 1343
286 G S II, S. 1321
287 G S II, S. 1346
288 G S II, S. 1352; Stephan Lackner: «Vor einer langen schwierigen Irrfahrt. Aus unveröffentlichten Briefen Walter Benjamins». In: «Neue Deutsche Hefte» 26/1979, H. 1, S. 58
289 S B, S. 122
290 G S II, S. 1324
291 G S II, S. 783
292 G S II, S. 789
293 G S I, S. 440
294 G S I, S. 462
295 G S I, S. 435
296 Chryssoula Kambas: «Walter Benjamin im Exil». Tübingen 1983. S. 26f
297 G S I, S. 455
298 G S II, S. 696
299 B, S. 722, 728
300 G S I, S. 1023
301 G S I, S. 997
302 G S II, S. 795
303 G S I, S. 1002
304 S B, S. 172, 177
305 G S II, S. 424f
306 G S II, S. 420
307 G S II, S. 428 u. 412
308 G S II, S. 436
309 G S II, S. 424
310 G S II, S. 436f
311 B, S. 638
312 S B, S. 157f
313 *Versuche über Brecht,* a.a.O., S. 158
314 S B, S. 273
315 G S II, S. 432
316 G S IV, S. 157
317 G S IV, S. 228
318 B, S. 664
319 B, S. 659
320 S B, S. 195
321 G S V, S. 59

322 G S V, S. 1257
323 S B, S. 279
324 G S I, S. 1079
325 G S I, S. 1150
326 G S I, S. 1167
327 G S I, S. 603
328 G S I, S. 1091
329 G S I, S. 1151
330 G S I, S. 1074
331 Scholem: «Freundschaft», a.a.O., S. 258
332 Karl Marx–Friedrich Engels: «Werke» Bd. 8. Berlin (Ost) 1978. S. 119
333 G S II, S. 477
334 B, S. 767
335 B, S. 778
336 B, S. 784f
337 S B, S. 291
338 S B, S. 290
339 B, S. 780
340 B, S. 781
341 S B, S. 292, 317
342 S B, S. 318
343 B, S. 781
344 S B, S. 304
345 G S V, S. 1169
346 S B, S. 300
347 S B, Vorwort, S. 12
348 B, S. 814
349 Lackner: «Aus unveröffentlichten Briefen», a.a.O., S. 63; G S V, S. 1180
350 G S I, S. 607f
351 G S I, S. 643f
352 S B, S. 313
353 B, S. 821
354 B, S. 747
355 An Siegfried Kracauer. 15. Januar 35. Unveröffentlichter Brief. Deutsches Literaturarchiv Marbach a. N.
356 B, S. 732
357 B, S. 772
358 B, S. 722
359 B, S. 733
360 Pierre Klossowski: «Entre Marx et Fourier». In: «Le Monde», 31. Mai 1969, S. IV
361 Hans Sahl: «Walter Benjamin im Lager». In: «Zur Aktualität», a.a.O., S. 74f
362 B, S. 834
363 B, S. 830
364 B, S. 841

365 Pierre Missac: «Walter Benjamin à la Bibliothèque Nationale». In: «Revue de la Bibliothèque Nationale» 3/1983, N° 10, S. 30f
366 B, S. 842
367 B, S. 850
368 B, S. 843, 856
369 G S I, S. 1226

370 G S I, S. 701
371 G S I, S. 699
372 G S I, S. 1232, 701
373 G S I, S. 1232
374 G S I, S. 702f
375 G S I, S. 697f
376 S B, S. 273
377 G S V, S. 1182
378 B, S. 861

Zeittafel

1892	Walter Benjamin wird am 15. Juli als erstes von drei Kindern des Kaufmanns Emil Benjamin und seiner Frau Pauline, geb. Schoenflies geboren
1902–1912	Besuch des gymnasialen Zweigs der Kaiser-Friedrich-Schule in Charlottenburg
1905–1907	Zweijähriger Aufenthalt in dem Landerziehungsheim Haubinda, wo er Gustav Wyneken kennenlernt
1912	Abitur in Berlin
1912–1915	Studium der Philosophie in Freiburg i. B. und in Berlin. Mitarbeit in der Freien Studentenschaft
1912	Beginn der Freundschaft mit dem Dichter C. F. Heinle
1914	Vorsitzender der Freien Studentenschaft. Er lernt Dora Sophie Pollak, seine spätere Frau, kennen. Bei Ausbruch des Ersten Weltkriegs Freitod C. F. Heinles und seiner Freundin. Rückzug aus der Jugendbewegung
1915	Erste Bekanntschaft mit Gerhard Scholem
1915–1917	Fortsetzung des Studiums in München
1917	Heirat mit Dora Pollak. Freistellung vom Militärdienst und Übersiedlung in die Schweiz
1917–1919	Fortsetzung des Studiums in Bern
1918	Geburt des einzigen Sohnes Stefan. Er lernt Ernst Bloch kennen
1919	Promotion «summa cum laude» in Bern mit der Arbeit *Der Begriff der Kunstkritik in der deutschen Romantik*
1920	Rückkehr nach Berlin. Wirtschaftliche Schwierigkeiten
1921	Zeitschriftenprojekt «Angelus Novus»
1921–1922	Niederschrift des *Wahlverwandtschaften-Essays*. Freundschaft mit Florens Christian Rang
1923	Im Sommersemester an der Universität Frankfurt zur Vorbereitung einer Habilitation für Neuere Deutsche Literaturgeschichte. Erste Bekanntschaft mit Theodor Wiesengrund (Adorno) und Siegfried Kracauer
1924	Mai–Oktober: Auf Capri. Erste Niederschrift des *Trauerspielbuchs*. Liebe zu Asja Lacis, die ihn zur Beschäftigung mit dem Marxismus anregt
1925	Scheitern der Habilitation
1926	März–Oktober: Paris. Zusammen mit Franz Hessel Übersetzung

	Prousts. Beginn der journalistischen Arbeit für die «Frankfurter Zeitung» und die «Literarische Welt»
1926–1927	Dezember/Januar: Moskau-Reise. Wiedersehen mit Asja Lacis
1927	Beginn der *Passagen-Arbeit* in Paris. Trifft dort Scholem. Palästinensische Pläne. Erste Haschischexperimente
1928	Rowohlt publiziert *Einbahnstraße* und *Ursprung des deutschen Trauerspiels*
1929	Erstes Zusammentreffen mit Bertolt Brecht. Asja Lacis in Berlin. Beginn der Rundfunkarbeit
1930	Scheidung von Dora Pollak. Plan der Zeitschrift «Krise und Kritik» zusammen mit Bertolt Brecht und Bernard von Brentano
1931	Plan eines Essaybandes für Rowohlt. Niederschrift des *Kraus-Essay*
1932	April–Juli: Auf Ibiza. Arbeit an der *Berliner Chronik*. Im Juli Rückkehr nach Nizza; plant, sich das Leben zu nehmen. Abfassung des ersten Testaments
1933	Im März ins Exil. Von April bis September erneut auf Ibiza. Beginn der Arbeit für das Institut für Sozialforschung
1934–1935	In Paris, in Skovsbostrand bei Brecht und in San Remo bei seiner geschiedenen Frau. Finanzielle Schwierigkeiten. Wiederaufnahme der *Passagen-Arbeit*
1936	In Paris Arbeit am *Kunstwerkaufsatz*. Die Briefanthologie *Deutsche Menschen* erscheint unter dem Pseudonym Detlef Holz in Luzern
1937–1938	Arbeit am *Baudelaire-Buch*
1938	Juli–Oktober: Letzter Aufenthalt bei Brecht in Dänemark. Abschluß von *Das Paris des Second Empire bei Baudelaire*
1939	Arbeit an *Über einige Motive bei Baudelaire*. Bei Kriegsausbruch Internierung im Lager Clos St. Joseph, Nevers. Im November entlassen
1940	Rückkehr nach Paris. Er schreibt die Thesen *Über den Begriff der Geschichte*. Im Juni Flucht mit seiner Schwester nach Lourdes. Im August erhält er durch die Vermittlung Max Horkheimers ein Einreisevisum in die USA. Im September vergeblicher Versuch, über die Pyrenäen nach Spanien zu entkommen. Am 26. September nimmt Walter Benjamin sich in dem spanischen Grenzort Port-Bou das Leben.

Zeugnisse

Hugo von Hofmannsthal
[Über den *Wahlverwandtschaften-Essay*:] Wunderbar ist mir – um von dem scheinbar «Äußeren» zu sprechen – die hohe Schönheit der Darstellung bei einem so beispielhaften Eindringen ins Geheimnis; diese Schönheit entspringt aus einem völlig sicheren und reinen Denken, wovon ich wenige Beispiele weiß.
Brief an Florens Christian Rang, 20. November 1923

Willy Haas
Benjamins psychologische Fixierung ist eine posthistorische: ein theologisch genau bestimmter Punkt der Eschatologie und Heilslehre. Er ist der Widerstrebende am Tore, unmittelbar vor Torschluß, immerfort ertönen schon die Posaunen des jüngsten Gerichts, die er nicht hört.
In: «Die Literarische Welt», 20. April 1928

Bertolt Brecht
benjamin ist hier. er schreibt an einem essay über baudelaire ... das ist nützlich zu lesen. merkwürdigerweise ermöglicht ein spleen benjamin, das zu schreiben. er geht von etwas aus, was er aura nennt ... diese soll in der letzten zeit im zerfall sein, zusammen mit dem kultischen ... alles mystik, bei einer haltung gegen mystik. in solcher form wird die materialistische geschichtsauffassung adaptiert! es ist ziemlich grauenhaft.
In: «Arbeitsjournal», 25. Juli 1938

Theodor W. Adorno
Seine philosophischen Arbeiten sind nicht als System, nicht als freischwebende Entwürfe aufgetreten, sondern haben sich als Kommentar und Kritik von Texten geformt. Es hat sich darin die Tradition der jüdischen Theologie in einem Denken durchgesetzt, das sich auf profane Stoffe bezog, um in ihren undurchdringlichsten Schichten der Spur der Wahrheit habhaft zu werden.
In: «Aufbau. American Jewish Weekly», 18. Oktober 1940

Pierre Klossowski
In diesem Marxisten oder eher in diesem extremen Kritizisten steckte ein Visionär, dem der ganze Bilderreichtum eines Isaias zur Verfügung stand.
In: «Mercure de France», 1952

Hermann Hesse
Inmitten der Trübe und Ahnungslosigkeit, die für unsere jüngste Literatur charakteristisch scheint, war ich erstaunt und beglückt, etwas so Straffes, Geformtes, Klares, Helläugiges anzutreffen wie die *Einbahnstraße* von Walter Benjamin.

1955

Pierre Missac
Um den Ort zu bezeichnen, an dem er zu Hause war, sollte man sich nicht scheuen ... das Wort Europa zu benutzen, jenes Europa, das es zu verteidigen galt und von dem Benjamin sehr wohl wußte, daß die jüdische Tradition eine seiner grundlegenden Komponenten war.

In: «Critique». 1966

Jürgen Habermas
Meine These ist, daß Benjamin seine Intention, Aufklärung und Mystik zu vereinigen, nicht eingelöst hat, weil der Theologe in ihm sich nicht dazu verstehen konnte, die messianische Theorie der Erfahrung für den Historischen Materialismus dienstbar zu machen.

In: «Zur Aktualität Walter Benjamins». 1972

Fritz J. Raddatz
Mit mächtiger Gänsehaut ins kalte Wasser: Walter Benjamin war ein schlechter Literaturkritiker.

In: «Merkur», November 1973

Charles Rosen
Er war der letzte große symbolistische Kritiker – und in gewisser Weise auch der erste –, sicherlich der erste, der die Dichtungstheorie auf die historische Kritik anwandte. Wie Mallarmé die Worte behandelt, so behandelt Benjamin die Ideen; er gibt ihnen Namen, er stellt sie nebeneinander und läßt die eine in der andern sich reflektieren.

In: «The New York Review of Books», 10. November 1977

Susan Sontag
In seinem Essay über Kraus stellt Benjamin die rhetorische Frage, ob Kraus an der Schwelle einer neuen Zeit steht: «Ach, durchaus nicht. – Er steht an der Schwelle des Weltgerichts.» Benjamin denkt dies über sich selbst. Vor dem Weltgericht wird der letzte Intellektuelle – dieser saturnische Held der Moderne mit seinen Ruinen, seinen abwegigen Visionen, seinen Träumereien, seiner undurchdringlichen Melancholie, seinem gesenkten Blick – erklären, daß er viele «Positionen» innehatte und daß er das Leben der Ideen bis zum bitteren Ende verteidigte, so gerecht und unmenschlich er nur konnte.

In: «The New York Review of Books», 12. Oktober 1978

Vom Geld ist die Rede, von wem noch?

Hätt ich 5000 Franc Renten ...

... ich tät nichts als arbeiten und mich mit den Weibern amüsieren, bis ich kaputt wär. Das schrieb ein 27jähriger seinem Freund «Mohr», dem «schwarzen Kerl aus Trier». Ein Jahr später wollen beide gemeinsam eine Zeitung gründen und versuchen, das nötige Kapital bei Bekannten und Verwandten aufzutreiben, mit nicht gerade großem Erfolg: «Aus meinem Alten ist vollends nichts herauszubeißen. Für den ist schon die Kölner Zeitung ein Ausbund von Wühlerei, und statt 1000 Taler schickt er uns lieber 1000 Kartätschenkugeln auf den Hals.»

Neigung zum Schreiben hatte er schon als Gymnasiast verspürt. Er wollte Dichter werden. Die erste literarische Arbeit, «Briefe aus dem Wuppertal», veröffentlichte er unter dem Pseudonym Friedrich Oswald. Auf väterliches Drängen erlernte er dann doch den Kaufmannsberuf. Die eigentliche Berufung fand er aber in der politischen Schriftstellerei. Um Zeit dafür zu haben, versuchte er, sich im väterlichen Betrieb «vor zu großer Überbeschäftigung auf dem Kontor zu schützen» und trotzdem «Salär von der Firma zu haben». Mit seinen 200 Pfund Gehalt pro Jahr kommt er aber nie aus. «Eine Reform meiner personal expenses wird dringend», schrieb er seinem «lieben Mohr», als er wieder mal «tief in der Klemme» saß. Besser wurde die finanzielle Lage erst, als dem Vierzigjährigen das väterliche Erbe zufiel. Neun Jahre später konnte er sich völlig aus dem Geschäftsleben zurückziehen und sich ausschließlich der politischen und schriftstellerischen Arbeit widmen. Der gewählte Präsident der Schiller-Anstalt in Manchester ist aber auch den angenehmen Seiten des Lebens nicht abhold. Er nannte sich selbst einst ein «anerkanntes Genie im Komponieren eines Hummersalats» und schien recht betrübt, als er einmal wegen eines Rheumaleidens den Alkohol zur Abwechslung auch äußerlich verwenden mußte. Dennoch bleibt ihm jetzt genügend Geld, um seinen Freund finanziell zu unterstützen. Beide haben mit ihrer Arbeit die Weltgeschichte so stark beeinflußt wie kaum jemand zuvor. 74jährig starb er in London. Von wem war die Rede?

(Alphabetische Lösung: 5–14–7–5–12–19)

Bibliographie

1. Buchveröffentlichungen zu Lebzeiten des Autors

Der Begriff der Kunstkritik in der deutschen Romantik. Bern: Francke 1920
Charles Baudelaire, Tableaux parisiens. Deutsche Übertragung mit einem Vorwort über die Aufgabe des Übersetzers von Walter Benjamin. Heidelberg: Weißbach 1923
Goethes Wahlverwandtschaften. München: Verlag der Bremer Presse o. J. [1925]
Ursprung des deutschen Trauerspiels. Berlin: Rowohlt 1928
Einbahnstraße. Berlin: Rowohlt 1928
Deutsche Menschen. Eine Folge von Briefen. Auswahl und Einleitungen von DETLEF HOLZ [Pseudonym]. Luzern: Vita Nova 1936

2. Werk- und Briefausgaben

Schriften. Hg. von THEODOR W. ADORNO und GRETEL ADORNO. 2 Bde. Frankfurt: Suhrkamp 1955
Illuminationen: Ausgew. Schriften I. Frankfurt: Suhrkamp 1961
Angelus Novus. Ausgew. Schriften II. Frankfurt: Suhrkamp 1966
Gesammelte Schriften. Unter Mitwirkung von THEODOR W. ADORNO und GERSHOM SCHOLEM hg. von ROLF TIEDEMANN und HERMANN SCHWEPPENHÄUSER. Frankfurt: Suhrkamp 1972 ff
    Bd. I Abhandlungen. 1974
    Bd. II Essays. 1977
    Bd. III Kritiken und Rezensionen. 1972
    Bd. IV Kleine Prosa. 1972
    Bd. V Das Passagen-Werk. 1982
    Bd. VI Fragmente vermischten Inhalts. 1985
    Bd. VII Nachträge. 1989
Supplement II/III Proust-Übersetzung. 1987
Briefe. Hg. und eingel. von THEODOR W. ADORNO und GERSHOM SCHOLEM. 2 Bde. Frankfurt: Suhrkamp 1966
Walter Benjamin – Gershom Scholem, Briefwechsel 1933–1940. Hg. von GERSHOM SCHOLEM. Frankfurt: Suhrkamp 1980
Briefe an Siegfried Kracauer. Hg. vom Theodor W. Adorno-Archiv. Marbach a. N. 1987

3. Monographien, Sammelbände, Zeitschriftensonderhefte

Alternative H. 56/57. Okt./Dez. 1967: Walter Benjamin.

Alternative H. 59/60. Juni 1968: Walter Benjamin II.

Alternative H. 132/133. August 1980: Faszination Benjamin.

ADORNO, THEODOR W.: Über Walter Benjamin. Hg. von ROLF TIEDEMANN. Frankfurt 1970

ARENDT, HANNAH: Walter Benjamin – Bertolt Brecht. Zwei Essays. München 1971

BENJAMIN, HILDE: Georg Benjamin. Eine Biographie. Leipzig 1977

BOLZ, NORBERT W., und RICHARD FABER (Hg.): Walter Benjamin. Profane Erleuchtung und rettende Kritik. Würzburg 2. Aufl. 1985

BOLZ, NORBERT W., und BERND WITTE (Hg.): Passagen. Walter Benjamins Urgeschichte des neunzehnten Jahrhunderts. München 1984

BOLZ, NORBERT W., und RICHARD FABER (Hg.): Antike und Moderne. Zu Walter Benjamins ‹Passagen›. Würzburg 1986

BRODERSEN, MOMME: Walter Benjamin. Bibliografia critica generale (1913–1983). Aesthetica/pre-print No. 6. Palermo 1984

BUCI-GLUCKSMANN, CHRISTINE: Walter Benjamin und die Utopie des Weiblichen. Hamburg 1984

BUCI-GLUCKSMANN, CHRISTINE: La raison baroque de Baudelaire à Benjamin. Paris 1984

BUCK-MORSS, SUSAN: Walter Benjamin and the Dialectics of Seeing: A Study of the Arcades Project. Cambridge, Mass. 1988

BULLOCK, MARCUS: Romanticism and Marxism. New York 1987

BÜRGER, PETER: Theorie der Avantgarde. Frankfurt 1974

BULTHAUPT, PETER (Hg.): Materialien zu Benjamins Thesen ‹Über den Begriff der Geschichte›. Beiträge und Interpretationen. Frankfurt 1975

DESIDERI, FABRICIO: Walter Benjamin. Il tempo e le forme. Roma 1980

DIECKHOFF, RAINER: Mythos und Moderne. Über die verborgene Mystik in den Schriften Walter Benjamins. Köln 1987

DODERER, KLAUS (Hg.): Walter Benjamin und die Kinderliteratur. Weinheim 1988

EAGLETON, TERRY: Walter Benjamin or towards a revolutionary criticism. London 1981

FABER, RICHARD: Der Collage-Essay. Eine wissenschaftliche Darstellungsform. Hommage à Walter Benjamin. Hildesheim 1979

FIETKAU, WOLFGANG: Schwanengesang auf 1848. Ein Rendezvous am Louvre: Baudelaire, Marx, Proudhon und Victor Hugo. Reinbek 1978

FRISBY, DAVID: Fragmente der Moderne. Georg Simmel – Siegfried Kracauer – Walter Benjamin. Rheda-Wiedenbrück 1989

FÜRNKÄS, JOSEF: Surrealismus als Erkenntnis. Walter Benjamin – Weimarer Einbahnstraße und Pariser Passagen. Stuttgart 1988

FULD, WERNER: Walter Benjamin. Zwischen den Stühlen. Eine Biographie. München, Wien 1979

GAGNEBIN, JEANNE-MARIE: Zur Geschichtsphilosophie Walter Benjamins. Die Unabgeschlossenheit des Sinns. Erlangen 1978

GEBHARDT, PETER; MARTIN GRZIMEK; DIETRICH HARTH; MICHAEL RUMPF; ULRICH SCHÖDLBAUER und BERND WITTE: Walter Benjamin – Zeitgenosse der Moderne. Kronberg 1976

GREFFRATH, KRISTA R.: Metaphorischer Materialismus. Untersuchungen zum Geschichtsbegriff Walter Benjamins. München 1981

GÜNTHER, HENNING: Walter Benjamin. Zwischen Marxismus und Theologie. Olten, Freiburg 1974

HERING, CHRISTOPH: Der Intellektuelle als Revolutionär. Walter Benjamins Analyse intellektueller Praxis. München 1979

HERING, CHRISTOPH: Die Rekonstruktion der Revolution. Walter Benjamins messianischer Materialismus in den Thesen ‹Über den Begriff der Geschichte›. Frankfurt, Bern 1983

HÖRISCH, JOCHEN: Die Theorie der Verausgabung und die Verausgabung der Theorie. Benjamin zwischen Bataille und Sohn-Rethel. Bremen 1983

International Journal of Sociology 7, 1. 1977

JACOBS, CAROL: The Dissimulating Harmony. The Image of Interpretation in Nietzsche, Rilke, Artaud, and Benjamin. Johns Hopkins Press 1978

JAY, MARTIN: Dialektische Phantasie. Die Geschichte der Frankfurter Schule und des Instituts für Sozialforschung 1923–1950. Frankfurt 1976

JENNINGS, MICHAEL W.: Dialectical Images. Walter Benjamin's Theory of Literary Criticism. Ithaca, London 1987

KÄHLER, HERMANN: Von Hofmannsthal bis Benjamin. Ein Streifzug durch die Essayistik der zwanziger Jahre. Berlin 1982

KAISER, GERHARD: Benjamin. Adorno. Zwei Studien. Frankfurt 1974

KAMBAS, CHRYSSOULA: Walter Benjamin im Exil. Zum Verhältnis von Literaturpolitik und Ästhetik. Tübingen 1983

KANY, ROLAND: Mnemosyne als Programm. Geschichte, Erinnerung und die Andacht zum Unbedeutenden im Werk von Usener, Warburg und Benjamin. Tübingen 1987

KAULEN, HEINRICH: Rettung und Destruktion. Untersuchungen zur Hermeneutik Walter Benjamins. Tübingen 1987

KLEINER, BARBARA: Sprache und Entfremdung. Die Proustübersetzungen Walter Benjamins innerhalb seiner Sprach- und Übersetzungstheorie. Bonn 1980

KÖHN, ECKHARDT: Straßenrausch. Flanere und Kleine Form. Versuch zur Literaturgeschichte des Flaneurs bis 1933. Berlin 1989

KOTHE, FLAVIO RENE: Benjamin: Adorno – un confronto. Saõ Paulo 1978

KRÜCKEBERG, EDZARD: Der Begriff des Erzählens im 20. Jahrhundert. Zu den Theorien Benjamins, Adornos und Lukács'. Bonn 1981

LACIS, ASJA: Revolutionär im Beruf. Berichte über proletarisches Theater; über Brecht, Meyerhold, Piscator. München 1971

LINDNER, BURCKHARDT (Hg.): «Links hatte noch alles sich zu enträtseln...» Walter Benjamin im Kontext. Frankfurt 1978. 2. erw. Aufl. Königstein 1985

MASINI, FERRUCIO: Brecht e Benjamin. Scienza della letteratura e ermeneutica materialista. Bari 1977

MEIFFERT, TORSTEN: Die enteignete Erfahrung. Zu Walter Benjamins Konzept einer Dialektik im Stillstand. Bielefeld 1986

MENNINGHAUS, WINFRIED: Walter Benjamins Theorie der Sprachmagie. Frankfurt 1980

MENNINGHAUS, WINFRIED: Schwellenkunde. Walter Benjamins Passage des Mythos. Frankfurt 1986

MISSAC, PIERRE: Passage de Walter Benjamin. Paris 1987

MORONCINI, BRUNO: Walter Benjamin e la moralità del moderno. Napoli 1984

MUSIK, GUNAR: Die erkenntnistheoretischen Grundlagen der Ästhetik Walter Benjamins und ihr Fortwirken in der Konzeption des Passagenwerks. Frankfurt 1985

NÄGELE, RAINER (Hg.): Benjamin's Ground. New Readings of Walter Benjamin. Detroit 1988

NAEHER, JÜRGEN: Walter Benjamins Allegorie-Begriff als Modell. Zur Konstitution philosophischer Literaturwissenschaft. Stuttgart 1977

New German Critique No 17, 1979: Special Walter Benjamin Issue

New German Critique No 39, 1986. Second Special Issue on Walter Benjamin

PAETZOLD, HEINZ: Neomarxistische Ästhetik. Bd. 1: Bloch – Benjamin. Düsseldorf 1974

PFOTENHAUER, HELMUT: Ästhetische Erfahrung und gesellschaftliches System. Untersuchungen zum Spätwerk Walter Benjamins. Stuttgart 1975

RECKI, BIRGIT: Aura und Autonomie. Zur Subjektivität der Kunst bei Walter Benjamin und Theodor W. Adorno. Würzburg 1988

Revue d'Esthétique. Nouvelle Série. No 1, 1981

ROBERTS, JULIAN: Walter Benjamin. London, Basingstoke 1982

RUMPF, MICHAEL: Spekulative Literaturtheorie. Zu Walter Benjamins Trauerspielbuch. Königstein 1980

RUTILGLIANO, ENZO, und GUILIO SCHIAVONI (Hg.): Caleidoscopio Benjaminiano. Roma 1987

SALZINGER, HELMUT: Swinging Benjamin. Frankfurt 1973

SCHIAVONI, GUILIO: Walter Benjamin. Sopravivere alla cultura. Palermo 1980

SCHILLER-LERG, SABINE: Walter Benjamin und der Rundfunk. Programmarbeit zwischen Theorie und Praxis. München, New York, London, Paris 1984

SCHMIDT, BURGHART: Benjamin. Zur Einführung. Hannover 1983

SCHOBINGER, JEAN-PIERRE: Variationen zu Walter Benjamins Sprachmeditationen. Basel, Stuttgart 1979

SCHOLEM, GERSHOM: Walter Benjamin. Die Geschichte einer Freundschaft. Frankfurt 1975

SCHOLEM, GERSHOM: Walter Benjamin und sein Engel. Vierzehn Aufsätze und kleine Beiträge. Frankfurt 1983

SCHWARZ, ULRICH: Rettende Kritik und antizipierte Utopie. Zum geschichtlichen Gehalt ästhetischer Erfahrung in den Theorien von Jan Mukarovsky, Walter Benjamin und Th. W. Adorno. München 1980

SMITH, GARY (Hg.): On Walter Benjamin. Critical Essays and Recollections. Cambridge, Mass., London 1988

SMITH, GARY (Hg.): Benjamin: Philosophy, Aesthetics, History. Chicago 1989

STEINER, UWE: Die Geburt der Kritik aus dem Geiste der Kunst. Untersuchungen zum Begriff der Kritik in den frühen Schriften Walter Benjamins. Würzburg 1989

STOESSEL, MARLEEN: Aura. Das vergessene Menschliche. Zu Sprache und Erfahrung bei Walter Benjamin. München, Wien 1983

STÜSSI, ANNA: Erinnerungen an die Zukunft. Walter Benjamins ‹Berliner Kindheit um Neunzehnhundert›. Göttingen 1977

Text und Kritik H. 31/32: Walter Benjamin. 2. Aufl. 1979

TIEDEMANN, ROLF: Studien zur Philosophie Walter Benjamins. Mit einer Vorrede von Theodor W. Adorno. Frankfurt 1965

TIEDEMANN, ROLF: Dialektik im Stillstand. Versuche zum Spätwerk Walter Benjamins. Frankfurt 1983

TIEDEMANN, ROLF: Die Abrechnung. Walter Benjamin und sein Verleger. o. O. o. J. [Hamburg 1989]

TRABITZSCH, MICHAEL: Walter Benjamin – Moderne, Messianismus, Politik. Über die Liebe zum Gegenstand. Berlin 1985

Über Walter Benjamin. Frankfurt 1963

UNGER, PETER: Walter Benjamin als Rezensent. Die Reflexion eines Intellektuellen auf die zeitgeschichtliche Situation. Frankfurt, Bern 1978

UNSELD, SIEGFRIED (Hg.): Zur Aktualität Walter Benjamins. Frankfurt 1972

WAWRZYN, LIENHARD: Walter Benjamins Kunsttheorie. Kritik einer Rezeption. Darmstadt, Neuwied 1973

WIESENTHAL, LISELOTTE: Zur Wissenschaftstheorie Walter Benjamins. Frankfurt 1973

WIGGERSHAUS, ROLF: Die Frankfurter Schule. München 1986

WISMANN, HEINZ (Hg.): Walter Benjamin et Paris. Paris 1986

WITTE, BERND: Walter Benjamin. Der Intellektuelle als Kritiker. Untersuchungen zu seinem Frühwerk. Stuttgart 1976

150

WOLFF, CHARLOTTE: Innenwelt und Außenwelt. Autobiographie eines Bewußtseins. München 1971
WOLIN, RICHARD: Walter Benjamin. An Aesthetic of Redemption. Columbia University Press 1982

4. Aufsätze

AGAMBEN, GIORGIO: Un importante ritrovamento di manoscritti di Walter Benja-
min. In: Aut... Aut... Nos... 189/90, 1982, S. 4–6
ALTER, ROBERT: Walter Benjamin. In: Commentary 48, 1969, No 3, S. 86–93
AUERBACH, ERICH: Fünf Briefe an Walter Benjamin in Paris. In: Zeitschrift für
Germanistik (Leipzig) 9, 1988, S. 688–694
BARNOUW, DAGMAR: Exil als Allegorie. Walter Benjamin und die Autorität des
Kritikers. In: Exilforschung 3, 1985, S. 197–214
BELMORE, H. W.: Walter Benjamin. In: German Life and Letters 15, 1962,
S. 309–313
BELMORE, H. W.: Some Recollections of Walter Benjamin. In: German Life and
Letters 28, 1975, S. 119–127
BENJAMIN, HILDE: Ein unbekannter Brief Walter Benjamins. In: Neue Deutsche
Literatur 29, 1981, H. 6, S. 36–42
BLOCH, ERNST: Revueform in der Philosophie. Zu Walter Benjamins ‹Einbahn-
straße›. In: Vossische Zeitung Nr. 178, 1. 8. 1928. Auch in: Erbschaft dieser Zeit.
Zürich 1935. S. 276–279
BOIE, BERNHILD: Dichtung als Ritual. Zu den Sonetten von Walter Benjamin. In:
Akzente 31, 1984, S. 23–39
BOLZ, NORBERT W.: Politische Kritik. Zum Streit um Walter Benjamin. In: Frank-
furter Hefte 35, 1980, H. 8, S. 59–65
BRANDT, HANS-JÜRGEN: «Benjamin und kein Ende». Zur Filmtheorie Walter
Benjamins. In: Frankfurter Hefte 38, 1983, H. 3, S. 48–54
BRODERSEN, MOMME: Er-fahrene Erfahrung. Eine italienische Reise Walter Ben-
jamins. In: Quaderno (Palermo) No 18, 1983, S. 41–69
BUCK-MORSS, SUSAN: Walter Benjamin – Revolutionary Writer. In: New Left Re-
view 128, Juli/Aug. 1981, S. 50–75 u. 129, Sept./Okt. 1981, S. 77–91
BÜRGER, PETER: Benjamins «rettende Kritik». Vorüberlegungen zum Entwurf
einer kritischen Hermeneutik. In: Germanisch-Romanische Monatsschrift,
NF 23, 1973, S. 198–210
ESPAGNE, MICHEL, und MICHAEL WERNER: Bauplan und bewegliche Struktur im
‹Baudelaire›. Zu einigen Kategorien von Benjamins Passagen-Modell. In: Re-
cherches Germaniques 17, 1987, S. 93–120
FEHER, FERENC: Lukács and Benjamin: parallels and contrasts. In: New German
Critique No 34, 1985, S. 125–138
FITTKO, LISA: «Der alte Benjamin». Flucht über die Pyrenäen. In: Merkur 36,
1982, S. 35–49
FULD, WERNER: Walter Benjamins Beziehung zu Ludwig Klages. In: Akzente 28,
1981, S. 274–286
GÜNTHER, HENNING: Der Messianismus von Hermann Cohen und Walter Benja-
min. In: Emuna. Horizonte 9, 1974, S. 352–359
HAAS, WILLY: Zwei Zeitdokumente wider Willen. In: Die Literarische Welt 4,
Nr. 16, 20. 4. 1928, S. 1 f
HART NIBBRIG, CHRISTIAAN L.: Das déjà vu des ersten Blicks. Zu Walter Benja-
mins ‹Berliner Kindheit um Neunzehnhundert›. In: Deutsche Vierteljahres-
schrift 47, 1973, S. 711–729
HARTUNG, GÜNTER: Zur Benjamin-Edition. In: Weimarer Beiträge 20, 1974,
H. 12, S. 151–167

HARTUNG, GÜNTER: Walter Benjamins Antikriegsschriften. In: Weimarer Beiträge 32, 1986, H. 3, S. 404–419

HASELBERG, PETER VON: Der Deutsche Walter Benjamin. In: Merkur 32, 1978,
S. 592–599

HELFER, MARTHA B.: Benjamin and The birth of tragedy: the Trauerspiel essays,
1916–1926. In: Kodikaas 11, 1988, S. 179–193

HIGONNET, ANNE, MARGARET und PATRICE: Façades: Walter Benjamin's Paris.
In: Critical Inquiry 10, 1984, S. 391–419

HILLACH, ANSGAR: Allegorie, Bildraum, Montage. Versuch, einen Begriff avantgardistischer Montage aus Benjamins Schriften zu begründen. In: W. MARTIN
LÜDKE (Hg.), Antworten auf Peter Bürgers Bestimmung von Kunst und Gesellschaft. Frankfurt 1976. S. 105–142

JACOBS, CAROL: Walter Benjamin's image of Proust. In: Modern Language Notes
86, 1971, S. 910–932

JÄGER, LORENZ: Hofmannsthal und der ‹Ursprung des deutschen Trauerspiels›. In:
Hoffmannsthal-Blätter H. 31/32, 1986, S. 83–106

JANZ, ROLF-PETER: Das Ende Weimars – aus der Perspektive Walter Benjamins.
In: THOMAS KOEBNER (Hg.), Weimars Ende. Frankfurt 1982. S. 261–270

JANZ, ROLF-PETER: Mythos und Moderne bei Walter Benjamin. In: KARL HEINZ
BOHRER (Hg.), Mythos und Moderne. Frankfurt 1983. S. 363–381

JAUSS, HANS ROBERT: Zu dem Kapitel ‹Die Moderne in Walter Benjamins Baude-
laire-Fragmenten›. In: Literaturgeschichte als Provokation. Frankfurt 1970.
S. 57–66

JAUSS, HANS ROBERT: Spur und Aura. In: HELMUT PFEIFFER u. a. (Hg.), Art
social und art industriel. München 1987. S. 19–38

KAMBAS, CHRYSSOULA: Walter Benjamin an Gottfried Salomon. Bericht über eine
unveröffentlichte Korrespondenz. In: Deutsche Vierteljahrsschrift 56, 1982,
S. 601–621

KAULEN, HEINRICH: Leben im Labyrinth. Walter Benjamins letzte Lebensjahre.
In: Neue Rundschau 93, 1982, S. 34–59

KEMP, WOLFGANG: Walter Benjamin und die Kunstgeschichte. Teil 1: Benjamins
Beziehungen zur Wiener Schule. In: Kritische Berichte des Ulmer Vereins für
Kunstwissenschaft 1, 1973, S. 30–50

KEMP, WOLFGANG: Walter Benjamin und die Kunstgeschichte. Teil 2: Walter Benjamin und Aby Warburg. Kritische Berichte des Ulmer Vereins für Kunstwissenschaft 3, 1975, S. 5–25

KLATT, GUDRUN: Benjamins Baudelaire-Studien. Baustein zu einer ‹Ästhetik des
Widerstands›. In: Weimarer Beiträge 28, 1982, H. 6, S. 34–69

KLATT, GUDRUN: Berlin – Paris bei Walter Benjamin. Von der ‹Berliner Kindheit›
zum Passagen-Werk. In: Weimarer Beiträge 32, 1986, H. 8, S. 1261–1280

KLOSSOWSKI, PIERRE: Lettre sur Walter Benjamin. In: Mercure de France 1952,
No 315, S. 456f

KRACAUER, SIEGFRIED: Zu den Schriften Walter Benjamins. In: Literaturblatt der
Frankfurter Zeitung, 15. 7. 1928. Auch in: Das Ornament der Masse. Frankfurt
1963. S. 249–255

LACKNER, STEPHAN: «Von einer langen, schwierigen Irrfahrt». Aus unveröfftl.
Briefen Walter Benjamins. In: Neue Deutsche Hefte, 26, 1979, H. 1, S. 48–69

LINDNER, BURKHARDT: Habilitationsakte Benjamin. Über ein ‹akademisches
Trauerspiel› und über ein Vorkapitel der ‹Frankfurter Schule› (Horkheimer,
Adorno). In: LiLi 1984, H. 53/54, S. 147–165

LÖNKER, FRED: Benjamins Darstellungstheorie. Zur ‹Erkenntniskritischen Vorrede› zum ‹Ursprung des deutschen Trauerspiels›. In: FRIEDRICH A. KITTLER
und HORST TURK (Hg.), Urszenen. Frankfurt 1978. S. 293–322

MAYER, HANS: Walter Benjamin und Franz Kafka. Bericht über eine Konstellation. In: Literatur und Kritik 14, 1979, S. 579–597

MENNINGHAUS, WINFRIED: Walter Benjamins romantische Idee des Kunstwerks und seiner Kritik. In: Poetica 12, 1980, S. 421–442

MISSAC, PIERRE: Walter Benjamin à la Bibliothèque Nationale. In: Revue de la Bibliothèque Nationale no. 10, 1983, S. 30–43

MONNIER, ADRIENNE: Note sur Walter Benjamin. In: Mercure de France no. 315, 1952, S. 451–457

MONNIER, ADRIENNE: Un portrait de Walter Benjamin. In: Les Lettres Nouvelles 2, 1954, S. 11–14

MÜLLER, HARRO: Materialismus und Hermeneutik. Zu Benjamins späten theoretischen Schriften. In: ULRICH NASSEN (Hg.), Studien zur Entwicklung einer materialen Hermeneutik. München 1979. S. 212–233

NEUBAUR, CAROLINE: Walter Benjamin: Soziologe. Anmerkungen über eine Philosophie ohne Begriffe. In: Freibeuter 1983, H. 15, S. 143–149

NOLL, MONIKA: Walter Benjamin und die revolutionäre Position in der modernen französischen Literatur. In: Deutsch-französisches Jahrbuch 1, 1981, S. 41–58

OEHLER, DOLF: Ein hermetischer Sozialist: Zur Baudelaire-Kontroverse zwischen Walter Benjamin und Bert Brecht. In: Diskussion Deutsch 6, 1975, S. 569–584

OEHLER, DOLF: Charisma des Nicht-Identischen, Ohnmacht des Aparten. Adorno und Benjamin als Literaturkritiker: Am Beispiel Proust. In: Text und Kritik, Sonderheft Adorno, 1977, S. 150–158

OLENHAUSEN, IRMTRAUD, und ALBRECHT VON GÖTZ: Walter Benjamin, Gustav Wyneken und die Freistudenten vor dem Ersten Weltkrieg. Bemerkungen zu zwei Briefen Benjamins an Wyneken. In: Jahrbuch des Archivs der Deutschen Jugendbewegung 13, 1981, S. 93–128

PFOTENHAUER, HELMUT: Benjamins unzuverlässiger Materialismus. In: Poetica 9, 1977, S. 399–416

PIZER, JOHN: History, genre and ‹Ursprung› in Benjamin's early aethetics. In: German Quarterly 60, 1987, S. 68–87

POLCZYK, PETER: Physiognomien der Humanität – Ordnungen der Schrift. Walter Benjamins ‹Deutsche Menschen›. In: Wirkendes Wort 38, 1988, S. 214–234

RABINBACH, ANSON: Between enlightenment and apocalypse: Benjamin, Bloch and modern German Jewish Messianism. In: New German Critique No 34, 1985, S. 78–124

RADDATZ, FRITZ J.: Sackgasse, nicht Einbahnstraße. In: Merkur 27, 1973, S. 1065–1075

RADDATZ, FRITZ J.: Die Kräfte des Rausches für die Revolution gewinnen. Der Literaturbegriff des Melancholikers Walter Benjamin. In: Merkur 33, 1979, S. 867–882

RADNOTI, SANDOR: The Early Aesthetics of Walter Benjamin. In: International Journal of Sociology III, 1, 1977, S. 76–123

RADNOTI, SANDOR: Benjamin's Politics. In: Telos 1978, No 37, S. 63–81

ROLLESTON, JAMES L.: The politics of quotation: Walter Benjamin's arcades project. In: PMLA 104, 1989, S. 13–27

RUMPF, MICHAEL: Die Metapher als Handlanger. Zur Begriffssprache Walter Benjamins. In: Zeno 10, 1987, S. 54–72

SAHLBERG, OSKAR: Die Widersprüche Walter Benjamins. Ein Vergleich der beiden Baudelaire-Arbeiten. In: Neue Rundschau 85, 1974, S. 464–487

SAUERLAND, KAROL: Benjamins Revision der bisherigen materialistischen Geschlechtsbetrachtung. In: Neue Rundschau 93, 1982, S. 60–71

SCHÖTTKER, DETLEV: Norbert Elias und Walter Benjamin. Ein unbekannter Briefwechsel und sein Zusammenhang. In: Merkur 42, 1988, S. 582–595

SCHÖNE, ALBRECHT: «Diese nach jüdischem Vorbild erbaute Arche»: Walter Benjamins ‹Deutsche Menschen›. In: ALBRECHT SCHÖNE und STEPHANE MOSES (Hg.), Juden in der deutschen Literatur. Frankfurt 1986. S. 350–365

SONTAG, SUSAN: Im Zeichen des Saturns. In: Im Zeichen des Saturns. München, Wien 1981. S. 125–146

SPENCER, LLOYD: Allegory in the world of commodity: the importance of ‹Central park›. In: New German Critique No 34, 1985, S. 59–77

STIERLE, KARLHEINZ: Walter Benjamin: Der innehaltende Leser. In: LUCIEN DÄLLENBACH u. a. (Hg.), Fragment und Totalität. Frankfurt 1984. S. 337–349

STROHMAIER, ECKART: Geschichtsphilosophie und Ästhetik bei Walter Benjamin. In: GERHARD CHARLES RUMP (Hg.), Geschichte als Paradigma. Bonn 1982. S. 53–83

SZONDI, PETER: Die Städtebilder Walter Benjamins. In: Der Monat 14, 1961/62, Nr. 166, S. 55–62

SZONDI, PETER: Hoffnung im Vergangenen. Walter Benjamin und die Suche nach der verlorenen Zeit. In: Satz und Gegensatz. Frankfurt 1964. S. 79–97

TIEDEMANN, ROLF: Zur «Beschlagnahme» Walter Benjamins oder Wie man mit der Philologie Schlitten fährt. In: Das Argument 1968, H. 46, S. 74–93

WAGNER, GERHARD: Das Kunstwerk im Zeitalter des Industriekapitalismus. Walter Benjamins «Passagen» durch das 19. Jahrhundert. In: Weimarer Beiträge 35, 1989, H. 3, S. 405–429

WEBER, SAMUEL: Lecture de Benjamin. In: Critique no. 267/68, 1969, S. 699–712

WELLEK, RENÉ: The early literary criticism of Walter Benjamin. In: Rice University Studies 57, 1971, H. 4, S. 123–134

WELLEK, RENÉ: Walter Benjamin's Literary Criticism in his Marxist Phase. In: JOSEPH STRELKA (Hg.), The Personality of the Critic. University Park, London 1973. S. 168–178

WERCKMEISTER, O. K.: Walter Benjamin, Paul Klee und der ‹Engel der Geschichte›. In: Neue Rundschau 87, 1976, S. 16–40

WITTE, BERND: Feststellungen zu Walter Benjamin und Kafka. In: Neue Rundschau 84, 1973, S. 480–494

WITTE, BERND: Benjamin and Lukács. Historical Notes on the Relationship Between Their Political and Aesthetic Theories. In: New German Critique no. 5, Spring 1975, S. 3–26

WITTE, BERND: Bilder der Endzeit. Zu einem authentischen Text der ‹Berliner Kindheit› von Walter Benjamin. In: Deutsche Vierteljahrsschrift 58, 1984, S. 570–592

WITTE, BERND: «Die Welt allseitiger und integraler Aktualität». Die Säkularisierung jüdischer Motive in Walter Benjamins Denken. In: Der Deutschunterricht 37, 1985, H. 3, S. 26–37

WIZISLA, ERDMUT: «Die Hochschule ist eben der Ort nicht, zu studieren». Walter Benjamin in der freistudentlichen Bewegung. In: Wiss. Zeitschrift der Humboldt-Universität zu Berlin 36, 1987, S. 616–623

WOHLFARTH, IRVING: No Man's Land: On Walter Benjamin's ‹Destructive Character›. In: Diacritics, Juni 1978, S. 47–65

WOHLFARTH, IRVING: Nine. On the Messianic Structure of Walter Benjamin's Last Reflections. In: Glyph no. 3, 1978, S. 148–212

WOHLFARTH, IRVING: The Politics of Prosa and the Art of Awakening. In: Glyph no. 7, 1980, S. 131–148

WOHLFARTH, IRVING: «Die eigene, bis zum Verschwinden reife Einsamkeit». Zu Walter Benjamins Briefwechsel mit Gershom Scholem. In: Merkur 35, 1981, S. 170–191

ZIMA, PETER V.: Ambivalenz und Dialektik: Von Benjamin zu Bachtin. In: VOLKER BOHN (Hg.), Romantik. Literatur und Philosophie. Frankfurt 1987. S. 232–256

ZONS, RAIMAR S.: Messias im Text. Ein Gedanke Walter Benjamins und ein Kommentar zu einem Gedicht Celans. In: FRIEDRICH A. KITTLER und HORST TURK (Hg.), Urszenen. Frankfurt 1978. S. 223–261

Namenregister

Die kursiv gesetzten Zahlen bezeichnen die Abbildungen

Adorno, Gretel 101, 124, 131, 132
Adorno, Theodor W. (Theodor Wiesengrund) 53, 100, 101, 104f, 112, 113, 124, 133, 135, *106*
Agnon, Samuel Josef (Samuel Joseph Czaczkes) 39
Aischylos 20
Aragon, Louis 79

Bachofen, Johann Jakob 102
Ball, Hugo 30
Barbizon, Georges (Georg Gretor) 16, 20, 23
Barrès, Maurice 107
Bassiano, Fürst 68
Bataille, Georges 128, 135, *129*
Baudelaire, Charles 38, 86, 105, 118f, 127, *130*
Becher, Johannes R. 86
Belmore, Herbert 16, 18
Benda, Julien 107
Benjamin, Dora (Ehefrau) 30, 38, 43, 50, 81f, 96, 106, 124, *31*, *82*
Benjamin, Dora (Schwester) 7, 106, 124, 135, *12*
Benjamin, Emil 7, 13, 15, 38, 48, 50, 62, 72, *8*
Benjamin, Georg 7, 9, 124, *8*, *10*, *12*
Benjamin, Hilde 124
Benjamin, Pauline 7, 13, 15, 38, 48, 50, 62, 82, *8*
Benjamin, Stefan 30, 82, 124, *31*
Bernfeld, Siegfried 20, 23
Blanqui, Louis Auguste 128f, *130*
Bloch, Ernst 30, 33f, 38, 65, 96, 102, 127, *34*
Bonaparte, Louis 120, 122f
Brecht, Bertolt 88f, 94, 96, 102, 105f, 108, 112f, 120, 123, 128, *91*
Brod, Max 112
Buber, Martin 29, 52, 74

Büchner, Georg 115

Chaplin, Charlie 108f
Cohen, Hermann 31, 40, *32*
Cohn, Alfred 43
Cohn, Jula 43, 44, 71f, 96, 99
Cornelius, Hans 62
Curtius, Ernst Robert 71

Dilthey, Wilhelm 39
Dostojevskij, Fjodor M. 25
Duns Scotus, Johannes 33

Eggebrecht, Axel 71

Fichte, Johann Gottlieb 24, 35
Forster, Georg 115
Fourier, Charles 128
Fränkel, Fritz 96
Freud, Sigmund 118
Frisch, Efraim 24

Gauguin, Paul 101
Geheeb, Paul 16
George, Stefan 20, 88
Gide, André 107, 132
Giraudoux, Jean 79
Goethe, Johann Wolfgang von 15, 39f, 42, 44, 45, 48, 81
Green, Julien 92
Groethuysen, Bernhard 68
Grosz, George (Georg Ehrenfried Groß) 68
Gundolf, Friedrich (Friedrich Gundelfinger) 39f, 48, *41*
Gutkind, Erich 38, 52
Guttmann, Simon 23

Haas, Willy 71
Haussmann, Georges Baron 102
Heartfield, John (Helmut Herzfeld) 68

Hebel, Johann Peter 88
Heidegger, Martin 33, 77
Heinle, Fritz 20, 23, 25f, 29, 39, 53, 90, *26*
Hellingrath, Norbert von 26
Herbertz, Richard 35
Hesse, Hermann 30
Hessel, Franz 15, 62, 68, 71, 79, 99, *72*
Hillebrandt, Karl 52
Hitler, Adolf 123, 127, 135
Hofmannsthal, Hugo von 48f, 68, 81, 83, *49*
Hölderlin, Friedrich 26, 45
Horkheimer, Max 62, 104f, 107, 111, 126, 128, 133, 135, *106*
Humboldt, Wilhelm von 18, 27

Ihering, Herbert 91

Jochmann, Karl Gustav 105
Joel, Ernst 96
Jünger, Ernst 84

Kafka, Franz 9, 60, 88, 102, 112f, 135, *11*
Kant, Immanuel 22, 30, 32, 35, 37, 40
Karplus, Gretel s. u. Gretel Adorno
Kassner, Rudolf 47
Kästner, Erich 84f
Keller, Gottfried 71, 77, 92
Keller, Philipp 20
Kellner, Leon 30
Kierkegaard, Sören 20, 60
Kippenberg, Anton 96
Klee, Paul 38, 94, 126, 135
Klossowski, Pierre 111, 128, *129*
Kommerell, Max 84
Kracauer, Siegfried 71, 85, 88, *73*
Kraft, Werner 113
Kraus, Karl 92f, 102, 113, *95*

Lacis, Asja 44, 54, 63, 67, 72f, 75, 81, 89, 96, 102, *55*
Lackner, Stephan 126
Landau, Luise von 15
Lehmann, Walter 27
Lewy, Ernst 27
Lieb, Fritz 127, 128
Lietz, Hermann 16
Lukács, Georg 33f, 41, 47, 55, 59, 77, 111, 117, *33*

Magnes, Jehuda Leon 80f
Malebranche, Nicolas de 115
Malraux, André (André Berger) 107

Mann, Klaus 102, 105f
Mann, Thomas 60, 102
Mannheim, Karl 76
Marx, Karl 90, 93, 111, 112, 117, 122f
Mayer, Max 83
Mehring, Franz 77
Mehring, Walter 71, 85
Monnier, Adrienne 131
Münchhausen, Thankmar von 68

Nietzsche, Friedrich 20, 23, 24, 52

Palladio, Andrea 68
Papen, Franz von 98
Paquet, Alfons 52
Perikles 20
Pindar 16
Platon 30
Polgar, Alfred 68
Pollak, Dora s. u. Dora Benjamin
Pollak, Max 30
Pollock, Friedrich 107
Pourtales, Graf 68
Proust, Marcel 13, 62, 68, 71, 92

Radt, Fritz 71
Radt, Grete 24
Rang, Florens Christian 39, 48, 52, 58, 90
Reich, Bernhard 72f, 102
Reifenberg, Benno 71
Rickert, Heinrich 18
Riefenstahl, Leni 110
Rilke, Rainer Maria 20, 27, 29
Romains, Jules (Louis Farigoule) 131
Roth, Joseph 74
Rousseau, Jean-Jacques 132
Rowohlt, Ernst 92, *70*
Rychner, Max 77, 94

Sachs, Franz 21
Salomon, Gottfried 50, 52, 53
Schelling, Friedrich Wilhelm Joseph von 35
Schinkel, Karl Friedrich 15
Schlegel, August Wilhelm 39
Schlegel, Friedrich 35, 37, 39, 47, 67
Schmitt, Carl 59
Schocken, Salman 126
Schoen, Ernst 30, 35, 99
Scholem, Gerhard 27, 28, 30, 35, 38, 43, 44, 51, 53, 54, 56, 62, 65, 70, 80f, 83, 86, 89, 91, 92, 94, 98, 99, 100, 103f, 113, 114, 116, 124, 126, *36, 114*

Scholem, Gershom s. u. Gerhard Scholem
Schultz, Franz 50, 53, 62
Seligson, Carla 23, 25
Seligson, Rika 25, 29
Selz, Jean 101, *104*
Solger, Karl Wilhelm Ferdinand 48
Speyer, Wilhelm 83, 96, 99, *98*
Spitteler, Ludwig 20
Stalin, Josef W. (Iosiv V. Džugašvili) 111
Stone, Sascha 65
Strauss, Ludwig 21, 22, 83

Thieme, Karl 115
Toller, Ernst 74
Troeltsch, Ernst 53

Tuchler, Kurt 21
Tucholsky, Kurt 85

Ullstein, Ilse 15

Valéry Paul 67, 70

Weißbach, Richard 38
Weltsch, Robert 103f
Wilde, Oscar 47
Wissing, Egon 96, 99, 102
Wolff, Charlotte 43
Wölfflin, Heinrich 27
Wyneken, Gustav 16, 18f, 22, 23, 27, *19*

Zucker, Wolf 88

Über den Autor

Bernd Witte, 1942 in Idar-Oberstein geboren. Nach Studium und Promotion in den Fächern Germanistik, Gräzistik und Philosophie seit 1967 als Wissenschaftlicher Assistent an der Pariser Sorbonne. 1976 Habilitation mit einer Arbeit über die Literaturkritik Walter Benjamins. Verfasser von Büchern und Essays zur neueren deutschen Literaturgeschichte und zur Ästhetik. Seit 1980 Professor für Literaturwissenschaft an der RWTH Aachen.

Quellennachweis der Abbildungen

Privatfoto Frau Adorno: 6 / Aus: Prof. Dr. sc. Hilde Benjamin, «Georg Benjamin», Leipzig 1977: 8, 12 / Aus: Werner Fuld, «Walter Benjamin», München–Wien 1979: 10, 46, 125 / Aus: Katalog zur Ausstellung «Franz Kafka», Berlin 1966: 11 / Aus: Berlin, Rundgang in Bildern, Berlin o. J.: 14 oben und unten / Landesbildstelle Berlin: 17 / Aus: Jahrbuch des Archivs der Deutschen Jugendbewegung, 13/1981: 19 rechts u. links, 21 / R. Dieckhoff, Köln: 66 / Bernd Witte: 26, 37, 63, 72, 76, 108, 129 unten / The Jewish National and University Library, Jerusalem: 31, 36, 57, 82, 121 / Ullstein: 32, 78 / Maria Popper, London: 33 / Keystone: 41, 54, 69, 119 / Rowohlt Archiv: 49, 70, 90, 129 links u. rechts oben / Aus: Walter Benjamin, Briefe, Bd. 1: 64 / Archiv Asja Lacis: 55 / Sammlung Michael Töteberg: 73 / Suhrkamp Verlag: 87 / Bibliothek der Stadt Wien: 95 / Deutsches Literaturarchiv, Schiller Nationalmuseum, Marbach: 97 / Aus: 15th Anniversary Issue, The New York Review of Books. Vol. XXV, No. 15, 12. Oktober 1978: 103 / Archives Jean Selz: 104 / Privatarchiv Max Horkheimer: 106 l. / ADN-Zentralbild, Berlin: 110 / Gisèle Freund, Paris: 117 / Revue de la Bibliothèque Nationale No. 10/1983: 132 / Helga Niemeyer: 136 / Aus: «alternative» 11 Jg., Heft 59/60, 1968: 78 / Karola Bloch: 34 / Aus Frankfurter Opernhefte, Dezember 1976: 106 links / Foto: Aliza Auerbach: 114 / Éditions du Seuil, Paris: 130 rechts und links / Kunstmuseum Bern, Paul Klee Stiftung: 134